西靱負小路と宅地

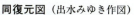

同復元図（出水みゆき作図）

西市付近の遺物出土状況

平安京の街路と宅地

西靱負小路と右京八条二坊二町の宅地の一部（京都市下京区西七条石井町）が発見され，道路に面して四行八門制に従った宅地の最小単位である一戸主の宅地割が確認された。また建物跡が検出され，この付近からは木製品や土器などが多数出土している。この地は西市の外町と南接していて，人々が行き交うこの復元図のような状態であったと思われる。

構　成／永田信一
写真提供／㈶京都市埋蔵文化財研究所（撮影　牛嶋茂・村井伸也）

豊楽殿跡の全景と基壇（右）

豊楽殿跡の発掘

この頁には市街化された平安京の右京域が写っているが，右上端近くに平安宮の豊楽院の正殿である豊楽殿があった。基壇の北西部が検出され，豊楽殿は壇上積基壇であり，礎石据え付け穴の位置などから七間四面の建物であることが判明した。北面中央階段の取付部の調査から後に階段を取り壊して北廊が取り付いたことも理解できた。

平安京右京域

空からみた平安京

9世紀後半に記された慶滋保胤の『池亭記』によれば、平安京の右京は平安時代中頃には廃れ、荒廃していたと記されている。一方、左京には人家が密集する地域が現われていることが記されている。それ以後左京域は都の核として、江戸時代まで政治・経済・文化の中心地として展開する。現在も京都の市街地の中心であり、街路は平安京の伝統を引き継いで、碁盤の目に秩序正しく走っている。

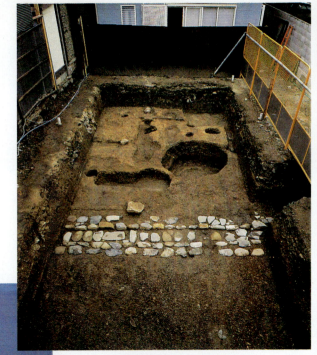

内裏蔵所町屋跡の発掘全景

内裏蔵所町屋跡の発掘

蔵所町屋跡では西南角の雨落溝が検出された。雨落溝の基底部は石敷の丁寧な造りである。雨落溝の内側（北）では基壇の高まりも認められた。内裏内部の殿舎遺構の発見例はまだ少なく、内裏の内部構造を知るうえで貴重な事例となった。この頁の写真の左上上端付近にあたる。

平安京左京域

豊楽殿跡と冷然院跡の遺物

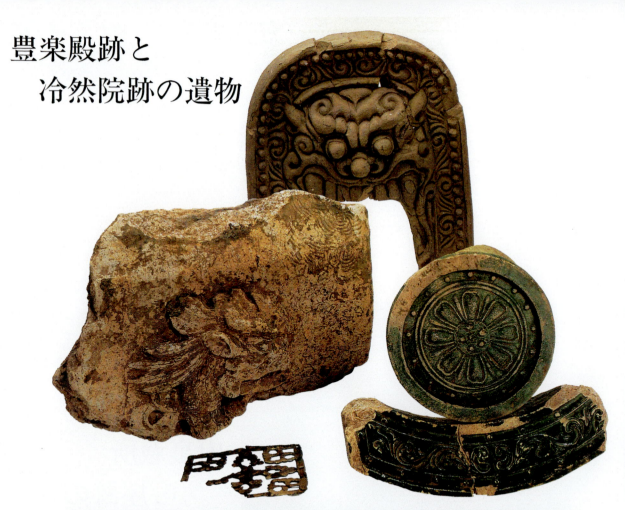

鬼瓦，鴟尾，緑釉軒先瓦，垂木先の飾り金具。これらは豊楽殿跡から出土した遺物である。豊楽殿は平安京を象徴する建物であり，その威容を偲ばせてくれる。下の食器は後院であった冷然院跡から出土したもので，当時の皇族や貴族が使用した緑の釉がかかった高級食器である。

季刊 考古学 第49号

特集 平安京跡発掘

●口絵(カラー) 平安京の街路と宅地
豊楽殿跡の発掘
空からみた平安京
内裏蔵所町屋跡の発掘
豊楽殿跡と冷然院跡の遺物
(モノクロ) 内裏承明門跡の発掘
皇嘉門大路の築地跡
西市跡の発掘
平安時代前半代の土器セット

対談・平安京跡を掘る────角田文衞・坂詰秀一 *(14)*

平安京跡の発掘

平安京への道─長岡京から平安京へ────山中 章 *(19)*
平安京の規模────辻 純一 *(24)*
平安宮の建物────辻 裕司 *(28)*
寝殿造の遺構────長宗繁一 *(33)*
平安京の山岳寺院────江谷 寛 *(37)*
平安京の葬送地────山田邦和 *(40)*

平安京の生活と経済

東市と西市の発掘────菅田 薫 *(44)*
平安京の瓦────江谷 寛 *(49)*
平安京の土器と陶磁器────百瀬正恒 *(53)*

平安京の周囲
　鳥羽・白河の御所と御堂――――――――――鈴木久男 (60)
　平安京をめぐる経塚――――――――――――坂詰秀一 (65)
　平安京と延暦寺―――――――――――――――梶川敏夫 (67)
　東アジアの中の平安京――――――――――――菅谷文則 (71)
　平安京遺跡案内――――――――――――――――前川佳代 (78)
　平安京関係考古学文献案内――――――――――寺升初代 (83)

最近の発掘から
　大規模な多重環濠集落－長崎県原の辻遺跡－副島和明・山下英明・松永泰彦 (89)
　平安京内に建てられた寺院－京都市六角堂境内地－江谷　寛 (91)

連載講座 縄紋時代史
　23. 縄紋人の集落(3)――――――――――――林　謙作 (93)

書評――――――――――――――――――――――(101)
論文展望――――――――――――――――――――(104)
報告書・会誌新刊一覧――――――――――――――(106)
考古学界ニュース――――――――――――――――(109)

表紙デザイン・カット／サンクリエイト

内裏承明門跡の発掘

承明門は内裏内郭内部の正門で、この門の北側雨落溝が検出され、底面には河原石が敷かれていた。北側雨落溝の北側では地鎮遺構が4基発見され、その一つは天台密教の安鎮法に基づく延久三年（1071）の南方の鎮所と推定された。この鎮所からは輪宝と橛が出土しており、承明門の中心を目標に埋納したと考えられ、内裏中軸線確定の目安となった。

構　成／永田信一
写真提供／㈶京都市埋蔵文化財研究所

承明門跡発掘全景

輪宝，橛の出土状況

輪宝と橛

平安京の発掘風景

皇嘉門大路の築地跡

市街地の中で平安京跡の発掘を行なっている。調査面積が限られることも多い。しかし平安京を理解するうえで、ポイントになるような遺構が発見されることがある。皇嘉門大路の築地跡の発見もその一例である。手前から皇嘉門大路の東側溝、築地跡、宅地内の溝、宅地内の建物跡の順で検出することができた。平安京の条坊制を具体的に検討できる定点である。

皇嘉門大路築地跡の発掘全景

西市跡の発掘

発掘によって西市の外町の板材と杭を使った溝が検出された。溝は外町の区画単位を示しており，市の構造を理解する貴重な資料を得ることができた。また西市ではいわゆる皇朝十二銭がセットで出土しており，一発掘現場で200枚余りの量になった例もある。外町の周辺では木製品が多量に出土した発掘現場があり，木製の沓などが発見されている。当時市の活動が活発だったことがよくわかる資料である。

西市外町跡発掘全景

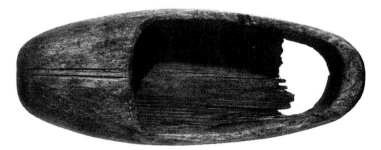

木製沓

西市外町の側溝

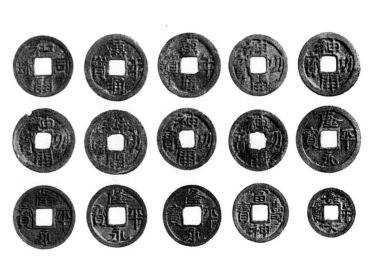

皇朝十二銭

平安時代前半代の土器セット

須恵器,土師器,黒色土器が奈良時代の土器の基本セットである。平安京では,平安時代前半期には奈良時代のこれらの土器に加え,灰釉陶器や緑釉陶器が加わる。これらの一群の土器はこの時期の土器の様相を端的に示す好資料であり,その器種の豊富さとセット関係は平安時代前半期を特徴づけるものになっている。またこれらの土器は,京内の生活様式を反映しており,具体的に京内の生活様式を知る手がかりとして注目されてよい。

季刊 考古学

特集

平安京跡発掘

対談
平安京跡を掘る

角田文衞・坂詰秀一
(財)古代学協会理事長　立正大学教授
古代学研究所所長・教授

坂詰 本日は『季刊考古学』の特集「平安京跡発掘」にちなみ，その先鞭をつけられました角田文衞先生から平安京の考古学的調査について，お話をおうかがいしたいと思います。

本年は平安建都1200年——桓武天皇が延暦13年10月辛酉の日（西暦794年11月22日），長岡京より都を移して以来1200年目ということで，多くの記念行事が催されております。また角田先生の(財)古代学協会からも本格的な時代史事典としての『平安時代史事典』が刊行され，話題になっております。まず，この事典が刊行されるまでの話をお聞かせ下さいませんか。

1　『平安時代史事典』のこと

角田 『平安時代史事典』は実は昭和46年に企画されたものなのです。最初は5～6年でできるだろうと軽く考えていたのですが，ずい分遅れてしまい，ねらったわけではないんですが，建都1200年の今年になってようやくできた次第です。私自身もともと関心は奈良時代にありましたが，平安京に対するあこがれも持っていました。

昭和14年にイタリアに留学しまして，ローマではドイツ国立考古学研究所ローマ支所に通って勉強させてもらいました。これは西方古代学関係でここは蔵書数世界一の研究所ですが，ここで最も世話になったのは，1839年にパウリ（August Paury）が創始し，ヴィッソーヴァ（Georg Wissowa）が後を承けて監修した『西方古典古代学百科事典』でした。これは1世紀以上にわたって百数十冊刊行されている大事典でありまして，極みなく詳しい歴史事典です。日本にもこうしたアカデミックで精細な歴史事典があったらと羨望の念を抱きました。

この大事典は余りにも洪大であって，個人が座右に備えるわけには参りませんでしたが，研究者

角田文衞氏　　　　坂詰秀一氏

の便を図って1979年に内容を縮約した『小パウリ古典古代事典』（Der Kleine Pauly Lexikon der Antike）が刊行されました。

昭和46年(1971)，『平安時代史事典』の編集を委嘱された時，私はこの『小パウリ』に範をとり堅実で精密な事典を作ろうと念願したのでした。なにしろ項目は21,000に及び，すべて記名原稿でありましたので，編集は紆余曲折をへ，いろいろと苦労しましたが，図らずも平安建都1200年の本年3月に3巻3,500頁の大冊として刊行することができました。これは寄稿して下さった1,200名ほどの研究者の方々のお蔭です。

坂詰 『平安時代史事典』編集の裏話を披瀝していただきましたが，平安時代史の解明に向けての止どまるところを知らない先生の情熱の基いは一体どこに起因しているのでしょうか。

角田 私は平安時代に平安京に生きたさまざまな人物にも多大な興味を抱いております。論文として採り上げている人物は，上は天皇から下は強盗に至るまで百数十名に及んでいます。中でも承香殿女御（藤原元子）や侍賢門院（藤原璋子）についてはそれぞれ単行本の伝記をものしています。対象とした人物に女性が多いのは，これまでの伝記研究では女性が不当に軽視されていたためです。平

安時代研究の視点の一つです。

2 古代学研究の方法

坂詰 先生の平安時代史の研究は，古代学の一つの実践としての面が多分にあると思われるのですが……。

角田 平安時代や平安京についての私の思い入れは，近々のことではありません。そもそも青春のころ，『源氏物語』を耽読した時分に萌芽しているのですからもう60年来のことです。私は平安京に憧憬れて京都にやって来たのでして，必ずしも現在の京都市を全面的に好きだというわけではありません。

先にもふれましたが，昭和14年にイタリアに勉強に行きましてローマ大学文学・哲学部に窺きに行って感じましたのは，「古代イタリア地誌学」(Topogrefia dll'Italia Antica) の講座が設けられてあることでした。私は時々その主任教授・パーチェ (Biagio Pace) の講義を聞きましたが，ローマ時代とそれ以前の古代の地誌がこんなによくわかっているのかと驚きを覚えました。しかもその研究は，文献学といわゆる「考古学」の双方から総合的に進められていました。都市ローマの古地誌につきましては『古代ローマ地誌事典』(Platner S. B. and Th. Ashby, A Topogroghycal Dictionary of Ancient Rome, London, 1929) が刊行されており，私は本書より多大な恩恵を蒙りました。

昭和17年 (1942)，私は勢い込んで帰国しましたが，時あたかも戦乱のさ中でありまして，実地調査などは望めませんでした。そこで私は平安時代史の研究の狙いを前期の政治史に定めまして，それに関連した文献を熟読しました。私が『歴史学』第1輯に発表した「山科大臣藤原園人」は灯火管制下で執筆した思い出の多い習作です。

昭和18，19年ごろ，私は内藤広前 (1791～1866) の『国史拾遺』にいたく刺戟され，特別の原稿用紙を作り，紙函を多数用意して本書の増補に励みました。原稿用紙で千枚を越す量となったのですが，昭和19年7月，軍務に召集されたためにこの計画は中断されてしまいました。その後は軍隊生活や虜囚生活が続き，折角の企画も挫折してしまいましたが，今でも余裕があればこの仕事をなし遂げたいと念じています。戦後『平安遺文』第1巻に関係文書が収録・公刊されましたので，『国史拾遺』の仕事は一層やりやすくなっています。

なお，古代学協会が編集した『史料拾遺』や監修・校刊した『歴代残闕日記』などは，いずれもこれまでの路線に沿った計画によるものです。

坂詰 先生は古代学の樹立をめざして，昭和26年 (1951) に古代学協会を設立されましたが……。

角田 私どもの古代学協会はその後昭和32年 (1957) に至って財団法人の認可をえました。その際協会は平安時代と平安京の研究に重点の1つを置きました。古代学として当然のことながら，文献史料に基づく平安文化の研究と平安京の発掘調査による遺物学的研究を並行して施行しました。

私は古代学，つまり古代史を総合的に研究する学問 (史学) が専門でありますから，平安京とそこで演じられた人間生活を研究すると言いましても，文献史料だけによってとか，発掘調査を遂行してのみ研究を進めるといった偏った方法ではなく，双方を総合した行き方をとったのであります。古代学者としては当然の方法でありまして，あらゆる分野に気配りせねばなりません。

『平安時代史事典』はいかに欠陥の多いものであるにしましても，古代学者としての私の宿願を実現したものと言えましょう。

3 平安京の調査

坂詰 古代学研究の実践のフィールドとして平安京跡を選定されたことは，先生の回想からも察せられますが，実際どのように進められてきたのでしょうか。

角田 平安京に関しての最初の手引書は湯浅文彦 (1843～1921) の『平安通志』(60巻，1895年) です。これは京都府が建都1100年の慶祝事業の一環として湯浅文彦に編述させた京都の通史でありまして，平安京の研究の上では基本的文献となっております。

建都1200年を前にした平成元年 (1989)，私どもの㈶古代学協会は，『平安通志』が出てから100年間の平安京に関する文献学的研究とおびただしい発掘調査の成果を総括した『平安京提要』の編纂を企画しました。幸いに㈶京都市埋蔵文化財研究所の研究員の方々も大いに協力して下さいましたので，本書の編集は着々と進行し，予定通り本年の5月にB5判，1,100頁の大冊としてめでたく刊行されたのであります。いろいろと瑕瑾もあるでしょうが，本書が過去100年間における平安京研究の総決算であること，また今後における平安京研究の出発点となるであろうことは，充分に言えると思います。

坂詰 『平安京提要』の大冊がわずか4年間で完成したということは，先生の考え方に賛同された多くの研究者の協力があったからと思います。先生が平安時代の遺跡について関心をもたれたのはいつ頃のことでしたか。

角田 平安時代についての初めての実地研究は

15

昭和10年（1935）の秋に実施した光明山寺跡の発掘調査でした。真言宗広沢流の名刹であった光明山寺は室町時代に衰亡し、その場所も沿革も知られずにいましたが、私は東大寺文書その他の古文献を渉猟し、また発掘によって実地に確かめて位置やその盛衰を明らかにしたのであります。

坂詰 論文「廃光明山寺の研究」は、井上光貞先生をはじめ多くの研究者によって基礎的研究として注目をされてきましたが、近ごろその地の一部が発掘されたことは、先生にとってさぞかし感慨ぶかいものがあったと思います。それにしても光明山寺の遺構の遺存状況が部分的であったにしてもきわめて良好であったことに驚きを感じました。平安京跡に本格的に鍬を入れられたころのことをお話願えませんでしょうか。

角田 平安京に関する最初の切り込みは、昭和32年（1957）に試みた勧学院跡（左京三条一坊六町）の発掘調査でした。それは私どもの平安京の実地研究の嚆矢でありました。この時は平安京跡に関心の大きい西田直二郎（1886～1964）から激励をいただきました。ついで平安宮朝堂院跡の発掘調査へと続くわけですが、平安京跡の調査が全く手つかずの状態にありました昭和30年、40年代におきましては、私どもの発掘調査は全く孤軍奮闘のありさまでした。

坂詰 平安京跡発掘の中心となっていた平安博物館はどういった事情でできたのですか。

角田 研究博物館の構想はもともとあったのですが、平安京に対する実践的傾向が昂じ、ついに以仁王の高倉宮の遺跡（三条高倉西北角）を日本銀行から譲り受ける結果となりました。都心のあの広い土地を購入するのは大変な冒険でありましたが、財界の支援のもとになし遂げることができたのです。

坂詰 平安京跡の発掘は、当初、平安博物館が中心でしたが、その後木村捷三郎先生が六勝寺、田辺昭三氏が京跡そのもの、そして杉山信三先生

図1　勧学院跡の調査（昭和32年）
（以下の写真はいずれも㈶古代学協会提供）

㈶古代学協会「平安京跡」主要発掘一覧

勧学院跡	1957.11～12
大極殿跡	1959.9～1960.1, 1960.7～11, 1962.6
羅生門跡	1960.8～9, 1961.3, 1961.9～11
内裏跡	1960.8, 1963.9
朝堂院跡	1962.12, 1963.6, 1963.8, 1963.9, 1964.9, 1964.11, 1974.3～4, 1975.10～12 など
土御門内裏跡	1963.10
西院跡	1963.10～11
太政官跡	1963.12
三条東殿跡	1964.5～6
押小路殿跡	1966.5～6, 1977.7～9
内裏内郭回廊跡	（第1次）1969.2,（第2次）1973.8,（第3次）1974.2～3
三条西殿跡	（第1次）1969.5～6,（第2次）1973.3,（第3次）1973.5～6
豊楽院跡	1969.8, 1973.4
内膳司跡	1972.11
会昌門跡	1973.2～3
西寺跡	（第1次）1970.7～8,（第2次）1970.9
東寺	1972.1～2
主水司跡	1972.2～3
少将井跡	1972.5
左馬寮跡	1972.7～8
民部省跡	1973.9～10
一条大路跡	1975.1～3
東洞院大路跡	1975.3～11
小安殿跡	1975.7～8
左京八条三坊二町跡	1979.11～1980.5
高倉宮・曇華院跡	1981.10～12
左京三条三坊十一町跡	1983.9～1984.2
頂法寺六角堂跡	1994.4～9

が鳥羽離宮などを調査され、さらに地下鉄烏丸線や京都大学構内の調査へと続き、現在は㈶京都市埋蔵文化財研究所に引き継がれてきましたが、㈶古代学協会でも平安京跡についての発掘を進めていますね。なかでも平安宮跡の遺構そのものの検出に期待が寄せられていますが……。

角田 紫宸殿の遺跡はすでに消滅していましたが、内裏の内郭回廊の基壇を発見しました。回廊は廊下であるとともに儀式の場でもあったわけで豊楽殿跡とともに国の史跡に指定されました。しかし朝堂院や大極殿はまだみつかっていません。これらは美しいきめ細かな粘土＝聚楽土でできていたはずですから、剥ぎ取られてしまってわからなくなった可能性もあります。

坂詰 ㈶古代学協会の業績の一つとして、近藤喬一氏が編集の中心となった『平安京古瓦図録』の仕事がありますね。

図2 内裏跡（上京区下立売通）の調査（昭和38年）

図3 豊楽院跡（中京区聚楽廻西町）の調査（昭和38年）

角田 平安京跡の場合，古瓦は年代的研究の要となるものです。この点で昭和52年（1977）に雄山閣出版から出していただいた巨冊『平安京古瓦図録』は，平安京跡研究に堅実な基礎をおいたものと信じます。この本では文献と合わせて播磨・筑前を含め，総合的に窯跡からの出土瓦を集成しています。

出版以来20年近い『平安京古瓦図録』のことですから，今となっては増補が絶対に必要です。これは古代学研究所の大きな課題の1つでありまして，ひそかに作業を進めております。

坂詰 平安京古瓦研究の新しい成果のまとめを期待したいと思います。瓦と並んで土器の研究もきわめて重要ですが，こちらの方の研究についてはいかがですか。

角田 古瓦類と並んで年代決定上必要なのは，須恵器や土師器の編年です。須恵器に関しては，『古代文化』第40巻第6号（1988）の特輯号にその一端が示されております。

また土師器につきましては，『平安京出土土器の編年的研究』という題目で，『古代学研究所研究紀要』の一冊として近く刊行されることになっています。

4 平安京研究の将来

坂詰 すでに裏松固禅の研究（『大内裏図考証』50冊，寛政9年＝1797）をはじめ，多くの研究が積み重ねられてきています。先生の眼からごらんになった日本の都京の独自性とはどんなものでしょうか。

角田 京都には岩宿時代から人が住んでいました。平安京は鴨川と大堰川との間に急に造られた都ですが，正確に計画された都でもあります。ギリシアのプリエーネやミレトスなどのように，ヨーロッパにも整然とした都市がありますが，こういった点は東西ともに特色のあるところです。

坂詰 古代における計画都市の最後，否，最高の傑作が平安京ということになりますね。

角田 平安京では整然と条坊制が敷かれております。一方，平安時代については廷臣たちの日記が数多く伝えられていますから，それらによって多くの院宮邸宅の位置を明確にすることができます。その研究成果は『角川日本地名大辞典』第26巻―京都府下の平安京の項に詳しく発表されていますが，『平安京提要』左・右京の部に記載された院宮邸宅の条坊は，それを継承したものです。こうした文献学的研究の結果判明した院宮邸宅の位置については『平安京提要』の索引をごらんいただきたいと存じます。

例えば11世紀末葉から12世紀の初頭にかけて日本の政治の中心であったのは白河法皇の三条西殿でした。それは三条大路北・烏丸小路西に位置していたことが究明されましたが，さらにたびたびの発掘によってその地の沿革も探究されました。

私どもの研究は，実践的傾向を帯びています。紫式部の邸宅跡に顕彰碑を建て，その墓を整備したことなどはその傾向の表われです。東五条第，八条院といった著名な院宮邸宅跡に説明板を掲げたのも，平安京研究の一端をなすものであります。

坂詰 平安時代の平安京と，それ以前，あるいはそれ以降の平安京地域のあり方もこれからの研究にとって必要なことですね。

角田 これまでの行政発掘だけでなく，もっと自主的な調査が必要となってきています。しかし自主発掘に多大な費用がかかることは申すまでもありません。私が昭和27，28年に試みた越前国東大寺領荘園・糞置荘の発掘は鐘紡の援助でできた

17

・試掘立会調査地点
△発掘調査地点
●平安宮遺構検出地点

図4 平安宮内発掘調査地点分布図（(財)古代学協会提供）

ものです。
　また京都は発掘個所は実に多くありますが、京の全体をつかむのはなかなかむずかしい状況にあります。今後は平野部だけでなく、平安京を取り巻く東山、西山、北山など周辺の山岳寺院の調査ももっと必要になってくると思います。
　坂詰　平安京とそれを取り巻く遺跡の研究が今後の大きな課題であるという先生のご提言はきわめて重要だと存じます。
　角田　最後になりましたが、『平安時代史事典』や『平安京提要』は、これまで具体的に申し上げた平安京や平安時代に寄せる情熱に由来する数々の研究調査の結晶であるといえますね。
　坂詰　平安建都1200年という節目を迎えました本年、古代学の立場から平安京の実像を究明されてまいりました角田先生から、研究の回顧を踏まえたお話を拝聴することができましたことは誠に意義あることと思います。
　本日はご多忙中、時間を割いていただき感謝申しております。ありがとうございました。　（完）

18

特集 ● 平安京跡発掘

平安京跡の発掘

平安京跡の発掘調査の現状をふまえて，
平安京建設の実態あるいはその具体的な
内容について最新の研究成果を展望する

平安京への道／平安京の規模／平安宮の建物／寝
殿造の遺構／平安京の山岳寺院／平安京の葬送地

平安京への道
―― 長岡京から平安京へ ――

向日市埋蔵文化財センター
■ 山中　章
（やまなか・あきら）

平安京造営は緊急度に応じ，旧京の資材によるものと新品で建設す
る施設に分けて進められ，その構造は長岡京の設計理念を継承した

　延暦12（793）年正月15日，「遷都のため山背国葛野郡宇太村の地をみる」（『日本紀略』）と平安京遷都が突然発表される。同月12日には早くも天皇は東院に移り，長岡宮城の解体が開始された。長岡京廃都がいつ決意されたのかは不明であるが，少なくとも延暦10（791）年9月までは長岡京後期造営[1]の総仕上げとして，越前ほか7国に命じ「平城宮の諸門を解体して長岡宮へ移建させる」（『続日本紀』）など造営が続行している。同年の4月18日には，「山背国部内の諸寺の塔の修理」を命じ，度重なる桓武天皇の近親の不幸に穢れた都の祓にもつとめている。この時点まで桓武が長岡京経営に十分な意欲をいだいていたことは疑いない。にもかかわらず延暦11（792）年6月10日，「皇太子安殿親王の病状を占うに，崇道天皇（早良廃太子）の祟」（『日本紀略』）と出るに及んで長岡京の経営はにわかにあやしくなり，わずか半年で廃都が決断される。
　このように短期間で廃都が決定された後，新都造営の準備が進められ，延暦13（794）年10月22日，桓武天皇は新京へ移る。新都は「宇太京」や「葛野京」ではなく「平安京」と名付けられた（『日本紀略』延暦13年正月8日）。平安京の命名には，過去

の都とは異なる格別な願いが込められていた。
　小稿では，慌ただしく決定された平安京遷都の実態を，宮城に用いられた軒瓦の分布や新都の条坊制を通して明らかにしてみたい[2]。

1　長岡京・平安京建設の実態

（1）　造長岡宮使と平安京造宮使
　まず，宮都はどのような手順で建設されていくのであろうか。
　「藤原京」では，京（新益京）が造営された後に宮城の建設に着手され，平城京では別々の組織で建設が実施された[3]。しかし，長岡京では造長岡宮使の任命記事によれば，その任務は「都城を経始し，宮殿を営作する」（『続日本紀』延暦3年6月10日条）と京と宮との同時着手が確認できる。発掘調査によっても，宮城は後期難波宮の施設を移建して早期に建設されたこと[4]が明らかであるし，京域についても延暦4年段階までに条坊側溝が完成し，行政事務も軌道にのっていたことが判明しつつある[5]。平安京の造営も，遷都の決定を受けて短期日の内に内裏や主要官司の移転が行なわれ，並行して宅地班給がなされている点など，長岡京の造営同様宮・京同時に施工されたと考え

19

てよかろう。

　平安京の建設は当初造宮使が担当し，後に造宮職に拡充して実施されたことが知られている。具体的にどのように進められたのであろうか。

　先の延暦12年(793)正月21日の史料から明らかなように，遷都が決定すると天皇は直ちに京内に所在した離宮(東院)へ移動する。同時に宮城の解体に着手し，資材を新京・平安京へ運び込み，宮城の整備に使用した。記録にはないが，宮城内に所在した太政官を始めとする諸官も解体されたはずである。当然これらの機能も宮外のいずこかに移転されたに違いない。長岡京左京三条二坊八町内からは「(延暦)十二年十月十日」の紀年銘木簡が出土している。廃都決定後も行政事務は滞りなく進められていたのである。

　一方，新都の地ではどのような体制がとられたのであろうか。

　造長岡宮使の執務施設は，木簡の検討から長岡京左京三条二坊九町に所在したと推定している[6]。木簡の紀年銘から長岡京造営当初から当該町に所在しており，長岡京の条坊制が施工されるや，宮城の南東部に当たる三条二坊一帯で，長岡京造営の総指揮がとられたのである。この九町という町は『拾芥抄』によれば，平安京では木工町に隣接する宅地である（図3）。そのうえ，平安京左京三条二坊二町の発掘調査によれば，同町から大量の搬入瓦の出土が伝えられる[7]。平安京では軒瓦の構成比率において，搬入瓦が70%以上と多い地域は，初期の段階に施設が建設されたと判断している。二町内に所在した施設も造営初期に建設された官司である可能性が高いといえる。造宮使は後に造宮職に組織替えされた後，木工寮に編入されている（『日本紀略』延暦24年12月10日条）。平安京三条二坊一・二・八町は，木工寮または木工町とされており（九条家本『延喜式』「木工寮」，『拾芥抄』東京図），造長岡宮使の所在地から類推して，平安京の造宮使(職)が左京三条二坊に所在し，長岡京同様，平安京の建設当初から当坊で指揮をとったといえよう。すでに指摘したことがある通り[8]，長岡京で確立する宮外官司の宅地群である官衙町と宿所町（後の諸司厨町）は平安京に受け継がれており，この点からも造宮使の位置は長岡京を踏襲しているものと考えられる。

(2) 長岡宮城の解体・移建と
　　平安宮式瓦の生産

　解体の開始された長岡宮城の資材はどこへ運ばれたのであろう。平安京内から出土する軒瓦（平安宮式瓦と搬入瓦）が，各官衙や宅地毎にどのよう

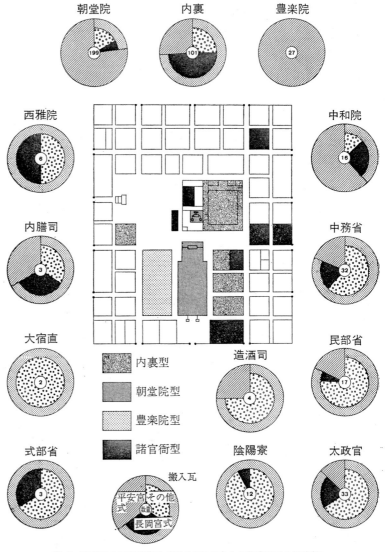

図1　平安宮式の軒瓦構成（円グラフの中心の数字は出土個体数）

20

な比率で出土するかを基点にして検討すると，以下の4タイプに分類可能である[9]。意外にも，相互に混じりあっておらず，前期の瓦の出土状況は初期造営の状況をそのまま反映していると判断できる。

〈内裏型〉　搬入瓦が70〜80%を占め，残りを平安宮式が占めるタイプ。
〈諸官衙型〉　平安宮式が全くなく，搬入瓦のみで構成されるタイプ。
〈朝堂院型〉　平安宮式が70〜80%を占め，残りを搬入瓦が占めるタイプ。
〈豊楽院型〉　搬入瓦が全くなく，平安宮式のみで構成されるタイプ。

各タイプがいずれの官衙地区で認められるのかを整理したのが図1である。内裏型は内裏・中務省・太政官・民部省など朝堂院東側の主要官司に認められ，諸官衙型は式部省・陰陽寮・西雅院・大宿直など周辺官衙に認められる。内裏型には平安宮式を少量含むがこれらは後に補修に用いたものと解釈できる。一方，諸官衙型はすべて搬入瓦であることから平安京前期には大規模な改作を受けなかったものと考えられる。搬入瓦が大量に使用されているのは，天皇遷御に際し必要不可欠な内裏であり，行政事務の連続性から緊急性の高い官衙群である。先の史料によると，これらの建設は延暦12年頃開始され，延暦13年10月頃まで約1年9カ月にわたって実施されている。延暦3年6月から4年正月まで6カ月で一段落した長岡京と比べると3倍の期間である。

これに対し，朝堂院・豊楽院には平安宮式瓦が大量に使用されている。とくに豊楽院には搬入瓦が1点もなく，すべて新調の平安宮式（緑釉）瓦で葺かれたのである。一方，朝堂院にはわずかではあるが搬入瓦がある。当初，旧資材で建築しつつ，新瓦の供給とともに葺き替えられたのであろう。朝堂院は延暦14(795)年8月19日段階で完成しておらず，大極殿の完成は翌年の正月のことであった。さらに豊楽院は延暦18(799)年に至っても未完成である。大極殿の完成には遷都決定から3年，豊楽院に至っては6年以上の年月を費やしている。なぜこれほどの時間が必要だったのであろうか。

朝堂院や豊楽院に使用された平安宮式瓦を最初に焼成した瓦窯は，岸部瓦窯（大阪府吹田市）であった。しかし岸部瓦窯は，操業間もなく瓦范・工人がそっくり西賀茂瓦窯群へ移動し，以後平安宮式瓦の生産は西賀茂・幡枝地区に固定する。岸部瓦窯の軒瓦の文様は長岡宮式の系列下にあることが指摘されており[10]，長岡宮式瓦の生産瓦窯である谷田瓦窯（京都府長岡京市）の瓦范も西賀茂瓦窯へ移され，同系統の軒瓦とともに生産が続けられている。朝堂院や豊楽院を飾った平安宮式瓦の生産体制は，長岡宮式瓦の体制を継承したものであった。

ここで問題となるのは，平安宮造営用の瓦窯がなぜ淀川流域の岸部に開かれ，かつ，短時日の内に平安京北郊の西賀茂へ移されたのかという点である。岸部は長岡宮式瓦のもう一つの瓦

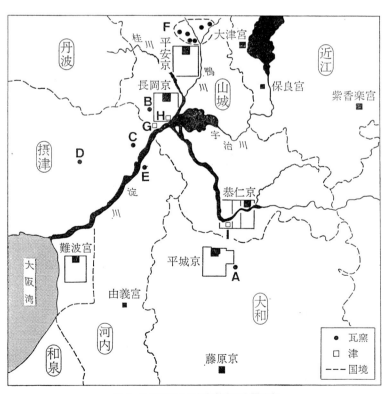

図2　古代都城と8世紀後半の主要瓦窯
A：荒池瓦窯，B：谷田瓦窯，C：萩之庄瓦窯，D：岸部瓦窯，E：坂瓦窯，F：西賀茂瓦窯，G：山崎津，H：淀津，I：泉津

窯・萩之庄瓦窯（大阪府高槻市）に近接し，淀川からの水運を考慮すれば，長岡京へ瓦を供給するに最適の地にある[11]。瓦当文様の系譜からみても，長岡宮式瓦の瓦范製作者と関係が深いのである。現時点では長岡京域からの出土例がないが，以上の事実から長岡京—岸部瓦窯—平安京の関係を，①岸部瓦窯は長岡宮造営用に開窯されたものの，供給を開始するまでに廃都が決定され，平安宮用の瓦として急遽転用された，②緑釉瓦および同系統の軒瓦は，長岡宮用に生産を開始していた。しかし同様の理由によって平安宮用としたが，立地が悪いため西賀茂へ移された，という二通りに解釈しておきたい。岸部瓦窯では緑釉瓦だけでなく，長岡京期に大きな画期を迎える緑釉陶器の生産も担っていた[12]が，これもまた西賀茂（幡枝）へ移されている。こうした瓦窯立地の変遷や宮城整備の進展に対応して，平安京の造営体制も造宮使から造宮職へと組織替えされたのであろう。その時期は朝堂院の完成する延暦15年前後である[13]。

軒瓦の生産や移動から，緊急性の高い施設への搬入瓦の使用，以外の施設への新体制による平安宮式瓦の使用という二段階の造営方法を確認することができた。

2　平安京の新「都市」政策

（1）　長岡京条坊制の新方針

平安京の条坊制を検討する前に，関係の深い長岡京の条坊制を確認しておこう。

長岡京型条坊制は3タイプの街区から形成されている[14]。宮城南面街区，宮城東・西面街区，左・右京街区である。同一街区の規模は基本的に同じで，南面街区は東西350尺，南北400尺，東・西面街区は東西400尺，南北350尺（375尺），左・右京街区は400尺四方である。

長岡京型条坊制の第一の特徴は，宮城に面する宅地群とそれ以外とを明確に区別した点にある。その目的は平面的にも宮城に面する街区を支配者階級の占有する特別な地域として識別可能とすることにあった。平城京以後の宮城に面する街区が，いずれも離宮や皇族・高位高官の邸宅および，宮城に入りきらなかった官庁で占められている事実からもその特殊性は明白であるが，長岡京ではこれを形態的にも区別したのであった。

第二の特徴は，平城京型とは異なり，街区内の宅地の規模を統一した点にある。とくに左・右京街区を400尺四方に固定したことによって，初めて均質な宅地の供給が可能となった。8世紀後半の平城京において宅地を小区画に分割し，下級官人に供給する施策がとられた。しかし，平城京型条坊制は宅地の等分化には不向きであり，分割の面積を一定させることが困難であった。長岡京型条坊制は一挙にこの問題を解決し，一町を三十二等分する方法（戸主制）を成立させる。その実態は文献史料によっても確認でき，「六條令解」[15]には，三戸主分に相当する土地の売買が実面積で記されている。

（2）　平安京の条坊制

では平安京の条坊制は長岡京にどのような改変が加えられて成立しているのであろうか。

平安京の条坊制は，400尺四方の宅地一町と大路・小路を組み合わせる集積型である。長岡京の左・右京街区の規模・構造が，都全域に拡大されたものである。したがって平安京では，宮城に面する宅地の重要性は，東西一坊坊間大路間に設けられた坊城の存在と，坊城によって囲われた地域の利用規制によってのみ表現されることとなる。しかし新制度は，宅地管理の立場からすれば徹底的に合理的な方法であった。この方式によって京内全域に戸主制を導入することが可能となり，すべての宅地を実面積で掌握することができるようになった。長岡京で初めて従前の方式を改め，増大する京内居住者への対策として，左・右京街区を設けたが，平安京の設計者は宮城の特殊性をあえて形態的には表現せず，宮城内の官衙配置を変更させることによって，宅地を400尺四方としたのであった。宮城内部の官衙配置は，京内の宅地分割の単位に規制され，長岡京以前の旧都の設計とは大きく変更された。例えば豊楽院の規模は，南北が宅地3町分＋道路幅（大路1＋小路2），東西が宅地1町分＋道路幅（小路1＋朱雀大路1/2）であった。施設の配置にも変化がみられ，豊楽院や内裏の南門は宮城門の延長線上に位置しない。豊楽院という新たな形態の施設を新しい資材で建設しながら，その規模や配置が京の宅地規範に規制された点で，平安京建設の複雑な様相を見て取ることができる。

しかし平安京で初めて日本の宮都は，宮城を核として支配を貫徹しようとする天皇や貴族の都から，下級官人を主力とする「都市民」が京内のどの宅地でも居住し，暮らすことを可能とした「都

市」へと変貌する空間的保障を手にすることになった。平安京の建設は，造営式の奏上という手続きは踏まれたものの[16]，結果的には，平安時代後半以後の古代宮都の解体と，中世的都市への変質を造営段階から構造的に準備していたのである。

3 おわりに

平安京遷都は，短期間に決定され実行に移された。造長岡宮使とほぼ同じ町内に置かれた造宮使が指揮をとり，宮・京が同一組織により着工された。宮城へは直ちに旧宮の建物が搬入され建設が進められ，さっそく宅地班給も実施された。にもかかわらず，遷都までには長岡京の3倍の時間を要し，大極殿や豊楽院にはさらに長期間を費やした。新条坊制度の施工も，一面では京を中心とした新しい発想の都作りに見えるが，実際は長岡京の発想を受け継いだものであり，むしろ宮城に対する方針は一貫性を欠いたものであった。緑釉瓦を用い新造された豊楽院の正面が，若犬養門（皇嘉門）の延長線上になく，規模や配置を京の構造に規制されるという設計はその象徴的事象である。

小稿において，平安京遷都の実態をわずかではあるが解明することができたと思う。しかし，宮城の造営方法をみても，京の条坊設計の理念を検討しても，平安京遷都の背景には，単純に解釈することが困難な様相がある。より合理的な解釈を加えるには，変質する律令国家にあって，時の為政者達が支配の方法をいかに表現しようとしていたのか，変換点に位置する長岡京の実態をも十分に追求する中で，解かなければならない問題も多いと思われる。

註
1) 清水みき「長岡京造営論―二つの画期をめぐって」ヒストリア，110，1986
2) 拙稿「初期平安京の造営と構造」古代文化，46―1，1994
3) 『日本書紀』によって，天武朝の新城建設計画から，持統朝の新益京・藤原宮建設に係るプロセスをまとめると次の通りとなる。
   [新城] ①新城計画地での耕作の禁止（676年）：新都の土地確保，②地形の占定（682年），③（京師の決定後）巡行（684年），④宮室地の決定（684年）
   [新益京・藤原宮] ①宮地の視察（690年），②新益京の鎮祭（691年），③新益京の路を視察（692年）：条坊の完成，④宮地の鎮祭（692年），⑤行幸（694・699年），⑥遷御（694年）
4) 小林 清『長岡京の新研究』比叡書房，1975
5) 1994年6月，長岡京市埋蔵文化財センターが行なった左京第326次調査において，六条条間小路と東一坊大路の交差点の南に位置する東一坊大路東側溝最下層から「延暦四年」の年紀のある木簡が出土したと伝えられる（長岡京連絡協議会資料94―1）
6) 堀 裕「長岡京造営組織と左京三条二坊一・八・九町」『長岡京木簡二』向日市埋蔵文化財センター・向日市教育委員会，1993
7) 地下鉄東西線建設に伴う遺跡調査資料（京都市埋蔵文化財研究所，1991）
8) 註2) 拙稿に同じ
9) 註2) 拙稿に同じ
10) ①藤田さかえ「長岡京の瓦」（向日市教育委員会『長岡京瓦図録』1987）
    ②上村和直『栗栖野瓦窯跡発掘調査概報』（京都市文化観光局，1993）
11) 拙稿「長岡京から平安京へ―都城造営にみる律令体制の変質―」『新版古代の日本⑥近畿Ⅱ』角川書店，1991
12) 堀江門也ほか『岸部瓦窯跡発掘調査概報―吹田市小路―』大阪府教育委員会，1968
13) 註11) 拙稿に同じ
14) 拙稿「古代条坊制論」考古学研究，38―4，1989
15) 『平安遺文』4
16) 今泉隆雄「平安京の造京式」中山修一先生喜寿記念事業会編『長岡京古文化論叢Ⅱ』1992

図3 左京三条二坊とその周辺（平安京図）
（註6）論文第21図を一部改変）

平安京の規模

京都市埋蔵文化財研究所
辻　純一
（つじ・じゅんいち）

平安京の規模は南北 5225.772m, 東西 4476.675m であったことが
調査により判明したが, 実際の造営はこれより小さかったと思われる

　現在でも京都の市街地は，東西南北に碁盤の目のように道路が通っていることが知られている。これは平安京の条坊制の名残りであり，道路が形や規模を変えながらも現在に受け継がれた証拠である。条坊制とは，古代の都城における街路街区割制度をいい，縦横の道路によって碁盤目状に区画され，東西に並んだ方格を坊，南北に並んだものを条と称し，平安京では，坊は朱雀大路を中心に東西に一坊から四坊まで，条は一条から九条までと一条の北に北辺坊が存在する。

　平安京は他の都城と異なり文献的にその規模を知ることができる。それは，古代法典の一つ『延喜式』の京程に記述されている。その記述内容によると平安京の構成は「町」と呼ばれる宅地と道路からなる。全体規模は南北1753丈，東西1508丈の方形であり，「町」は一辺40丈の正方形である。他の都城と違い，どの「町」もすべて同じ大きさであることが平安京のもっとも大きな特徴といえる。

　道路は築地，犬行，側溝，路面で構成されている。大路と小路があり，南北方向のものが33本，東西方向のものが39本通っている。道路幅は，朱雀大路28丈，宮城南限の二条大路17丈，九条大路と東西大宮大路12丈，宮城に面する大路と一条大路，東・西京極大路10丈，それ以外の大路は8丈，小路は4丈とある（ただし東西堀川小路についてはこのかぎりではない）。ここで道路幅というのは，路面の幅をいうのではなく築地中心から築地中心間のものである。

　京程の記述によれば南北方向の小路数が24本となっているが，実際に数えれば22本しかないことがわかる。これは東西の堀川小路が中央に川を通し，その両側に路面を設けているために数を2本増やし24本と記述されている。このために堀川小路の規模については8丈とする説と12丈とする説に分れていた。東西堀川小路を除くすべての南北道路幅と町を加えていけば，その合計は1484丈となる。堀川小路が8丈であれば1500丈，12丈であれば1508丈となり，京程記述の東西幅1508丈を含めさまざまに議論されてきた。また，南北幅に関しても同様に計算すると1751丈にしかならず，京程記述の東西幅1753丈とは異なり，疑問が残るところである。

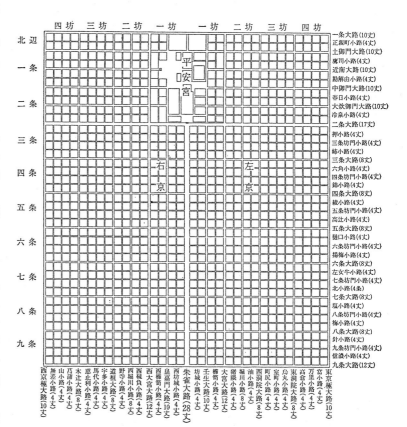

図 1　平安京条坊図

1 発掘調査による成果

　平安京における遺跡調査は，昭和40年代後半から展開された京都市の再開発により，急激に増加した。それに伴い，さまざまな遺構の発見が相次ぎ，復原研究上，飛躍的な進歩を見せ今日に至っている。また，昭和52・53年には遺跡発掘調査基準点という公共測量の1級基準点を設置し，そこから比較的精度の高い遺跡基準点測量を行なうことにより，同一座標系のもとで遺跡調査における調査記録が作成されるように改善され，遺構相互間の検討・分析が簡単な卓上の計算で行なうことが可能となった。

　現在では条坊に関する確実な遺構の発見だけでも，約100ヵ所を数えている。その中でとくに注目されるものは，西堀川小路と東京極大路および一条大路の発見である。昭和55年と昭和57年に実施した発掘調査[1]により，西堀川の位置および規模が確定した。規模は中央を流れる川幅（約6m）を含めて築地心々間で約24m（8丈）であった。この成果は，文献上で議論されてきた堀川小路についての明確な結論となり，平安京の復原研究にとってもたいへん重要なものとなった。また，地下鉄東西線建設に伴う事前調査[2]での東京極大路路面および東側溝の発見も平安京の東西幅を確定するものとして貴重なものであった。この東側溝心の位置は朱雀大路心から東へ749丈のところにあることが知られ，大路は側溝心から築地心までが一丈であることから，東築地心は朱雀大路心から東へ750丈の位置であることが想定されるにいたった。また，昭和62年度に行なった右京北辺二坊五町の発掘調査[3]により，一条大路北側溝およびその北側の調査で平安京北端位置を確定するとともにその外側を解明することになった。

　このように，発掘調査により文献資料のあいまいさをおぎないながら平安京のほんとうの状況が見えてきており，ほぼ『延喜式』の京程どおりに造営されたことがわかってきた。ただし，平安京の四周，京極および一・九条大路外側の状況は調査例も少なく，不明な点も多く，どこまでを京内とするかが問題であるが，京極大路外側築地心までとするなら，東西・南北の町と道路幅をそれぞれに加算していけば，平安京の南北幅，東西幅が確定する。計算結果は南北幅が1751丈，東西幅1500丈となり，『延喜式』京程の数値より少し小さいものであるが，実質的な京程の記述数値とは合致する。これをメートル法による数値に直せば，平安京の規模がわかることになる。

2 条坊復原

　それでは，平安京がどのような物差し（メートル法に直してのもの）および基準方位を使って造営されたのだろうか。これを解くためには，実際に発見した遺構位置を，平安京のモデル（『延喜式』の京程）にあてはめ，各遺構との誤差が最も少なくなるような，物差しおよび基準方位の値を導きだすことである[4]。そのために，

1. 平安京は，『延喜式』の京程どおりに造営された。
2. 同一の物差しを使用した。
3. 同一の基準方位で造営された。

ことを仮定し，そこから，各最確値を導き，その値を近似値とし，繰り返し計算させることにより求める。計算結果として，一丈（十尺）＝2.98445m，基準方位は北が西に0度14分23秒傾いているという値を得た。この値は，現段階の資料数において最も確かであろう数値であるが，今後資料数が増えるたびに，真の値に近づいていくはずである。この値を使用し，検出された遺構との誤差を測ると，標準偏差＝±0.99m程度となり，条坊の想定位置に両手を広げた幅の中で，その遺構が

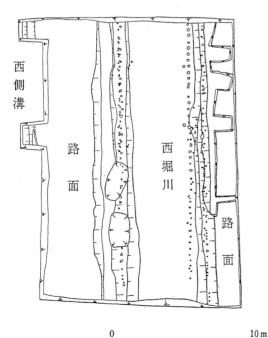

図2　西堀川小路

発見されるほどの施行精度をもっている。これは，2500分の1の地図を作成する時に許される誤差[5]よりも小さいものである。また，遺構の位置誤差の分析結果からは，誤差の偏りがないことがわかる。これは，平安京の造営に際し，一地点から周辺部に拡大するような造りかたをしていないと言うことができる。言い換えれば，地図と設計図が前もって存在し，それをもとにさまざまな場所から，同時進行的に造営されていった様子とともに高度な土木技術によって造営されたことが想像できるのである。

以上の方法により，平安京の造営に使用された造営尺を導きだすことができた。この値を実質的な南北・東西幅の値に掛ければ規模を知ることができ，南北幅は5225.772m，東西幅は4476.675mの規模を有していたことになる。ただし，この数値はあくまで最確値であって真値ではなく，各値の後には，±0.651m，±0.558m が付くことを記しておく。

3 造営作業

平安京の造営には相当な人数と土木技術が駆使されたことが想像できる。道路側溝を開削するだけでも最低50万 m^3 の土を動かす必要がある。そのほかにも堀川を含め，ある程度の土地改変は行なわれている。東西の堀川は旧流路を利用し，平安京内に至る場所で条坊上の位置になるように移動させていることが，現在の地図上からもうかがい知ることができる。平安京内では堀川以外にも川がながされていたことが発掘調査でも確認されている。これら平安京とともに造られた川は，すべて道路内を通していることがわかる。次に，平安京右京八条二坊二町の調査[6]では流路あるいは湿地上に整地を行ない条坊路を施行していることが確認されている。また同時に，平安京の最小土地単位である戸主（ぬし）の区画（東西10丈，南北5丈）が発見され，各々の宅地で個別に道路に面したところに柵列を設けていることが明らかとなった。この位置は築地が想定される場所に，築地のかわりに柵列を設けていることが知れるとともに，宅地および路面，側溝の造成は国家の手によって行なわれるが，宅地内の施設はそこに住む個人に任せられていることを示している。平安京の造成から町並みを整備していく作業は官民一体となって進められたようである。

ただ，これらの作業が平安京全域にわたって行なわれたのかはわからない。調査でも平安京八・九条の東西四坊付近あるいは右京北辺・一条の四坊では平安時代の遺構を検出することがない。それは，後世の削平によるものか造営がなされていないのかは今のところ不明であるが，他の都城から見ても，造営されていない可能性の方が強いのではないだろうか。また，左京八条三坊では，一帯が平安時代後期に整地を行なって宅地化された

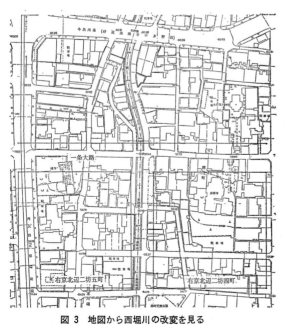

図3 地図から西堀川の改変を見る

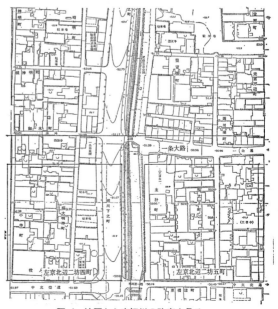

図4 地図から東堀川の改変を見る

ことがわかるが、その下層には平安時代中期の自然流路などが検出され、造成された痕跡が認められない。このように平安京の造成前には流路が宅地に想定できるところを流れていることもあるが、宅地化され、町として成立している場所では、ある限られたところ以外では川は道路内に設けている。それは堀川であり佐比川であるが、これ以外にも西大宮大路内にも川があることや野寺小路のように道路全体を川に造り変えたりしている[7]ことが明らかになっている。平城京や長岡京では流路を都城内に流しており、その流れは宅地をも侵食している。しかしながら平安京の場合は一町の東西中心上に川を設けている例はあるが、基本的には宅地内を外している。このことは宅地が道路などの施設より優先されていることになる。平安京以前は都城維持のために川を宅地内に通したり、宅地と道路を一体として坊単位で施行する方法など、都城全体だけを念頭におきながら維持運営させている。このことは都城全域が公共のものとして国家の管理化にあったと考えられる。一方、平安京は宅地を完全に私有化しており、宅地空間は私的要素がかなり強い。反対に道路などは公的要素が強く、都城を維持するため川などに変更していくようなことまでしている。このことは、私的な宅地の方が公的なものより優先されていることになる。平安京の条坊の最大の特徴である「町」がすべて同じ大きさであることはこの問題と関連しているものとおもわれる。都城における宅地の私有化が進むにつれ、均一の大きさである必要性

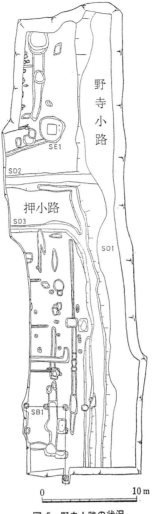

図5 野寺小路の状況

を生み出したことになる。そのような政治・経済的背景をも平安京がかかえていたのではないだろうか。

4 おわりに

平安京の設計における規模は、南北 5225.772 m、東西 4476.675 m であったことが調査により確認できた。しかし、実態としての平安京は、そのすべてが造営されていたとは考えられず上記の数値より小さかったようである。ただ、条坊の施行面をみれば相当な精度で施行されたことがわかる。前方後円墳や条里の痕跡を空から見れば、それがある規格のもとに造られたことが知れる。都城が造営される以前に、ある程度の測量・土木技術が確立されており、日々その精度を高めていったことであろう。このように古代の測量、土木技術はわれわれが想像するよりは、はるかにすぐれた水準にあったことが知れるのである。

註
1) 堀内明博「平安京右京五条二坊」『平安京跡発掘調査報告 昭和55年度』京都市埋蔵文化財研究所、1981、平尾政幸・辻 純一「右京三条二坊」『昭和57年度京都市埋蔵文化財調査概要』京都市埋蔵文化財研究所、1984
2) 平成3年度に実施された地下鉄東西線建設に伴う調査。京都市埋蔵文化財研究所、未報告
3) 堀内明博「右京北辺二坊」『昭和62年度京都市埋蔵文化財調査概要』京都市埋蔵文化財研究所、1991
4) 辻 純一「平安京の条坊復原」京都府埋蔵文化財情報、27、1988
5) 公共測量規定では図上 0.5 mm 以内の誤差までが許される。1/2500 では ±1.25 m 以内の誤差をいう。
6) 平成5年度に実施された京都市立七条小学校敷地内の発掘調査。京都市埋蔵文化財研究所、未報告
7) 辻 純一「右京三条二坊（2）」『昭和56年度京都市埋蔵文化財調査概要（発掘調査）』京都市埋蔵文化財研究所、1983

平安宮の建物

京都市埋蔵文化財研究所
辻　裕司
（つじ・ひろし）

平安宮は極めて精度の高い厳格な計画指図によって造営されており，建物配置の具体的な状況に迫ることが可能となってきている

平安宮跡に対する考古学的調査は1928年の現丸太町通における市電敷設工事に伴う調査に始まる。この調査では豊楽院北端該当位置で凝灰岩を使用した基壇の一部が検出された。次いで，1960年代後半には内裏内郭回廊基壇や朝堂院諸堂の基壇が検出されるなど，以後の平安宮跡の考古学的研究を推し進めるに足る実証的な調査成果がもたらされた。

ところで，平安宮造営からおおよそ800年を経過した桃山時代から江戸時代にかけて，内野と呼ばれていた平安宮跡の東半に聚楽第や二条城が相次いで造営され，併行してそれらを核とした都市再開発が広範に及んだことにより，多くの官衙跡は強い影響を受けた。降って明治時代以降，平安宮跡はほぼ全域にわたる稠密な市街地化に伴って土地の細分が進み，1200年後の昨今も細分化された区画の個別的な開発は至る所で進行している。

これまでに平安宮跡で実施された埋蔵文化財の調査件数は発掘・試掘・立会調査を含めて千数百件に達する。発掘調査は比較的小規模な宅地開発に伴い実施される例が多く，各調査地点における調査面積はせいぜい100m² 前後程度にとどまることから調査には多くの困難が伴うものも少なくない。しかし，平安宮の調査研究の進捗に併行して平安宮域や諸官衙の四至区画の確定ならびに建物の変遷を示す資料なども整いつつある。

1　平安宮の平面構成

われわれが調査研究を進めている考古資料とともに平安宮の平面構成を考察するうえで不可欠な史料として「宮城図」がある。九条家本『延喜式』所収の「宮城図」あるいは陽明文庫の「宮城図」は細部に差異はあるものの，朝堂院を始め諸官衙の規模や位置に至るまで比較的厳密に書き記されていることが窺われ，これまでの調査研究から得られた成果との相互検討も可能な平面構成を示している。

裏松固禅の著わした『大内裏図考証』所収の「南都所伝宮城図」では上記「宮城図」と官衙名の異なる箇所が散見されるが，職掌による諸官衙の統廃合はすでに平安時代初期から行なわれたことが知られており，統廃合前の平面構成を示す宮城図として重要である。

平安宮跡はこれまでの調査研究により平安京跡と同じ計画線で造営，基準となる造営尺は1尺＝29.845cm，座標北に対する振れは西に0″14′23″あることが明らかにされている。また，平安宮の四至が北は一条大路南，南は二条大路北，東西は東・西大宮大路の西・東の各築地心を共有する大垣（築地）により画され，南北築地心々幅が460丈（約1,373m），東西築地心々幅が384丈（約1,146m）の規模を有することも確認されている。

平安宮内の空間を画する路は原則的には平安京の条坊路が宮内に延長した位置にあり，宮内中央域は東を壬生大路宮内延長路の西築地心，西を皇嘉門大路宮内延長路の東築地心で限る空間に朝堂院・豊楽院・内裏および太政官・中務省などの主要官衙が配され，中央域の周辺にはその他の官衙および被管が展開する。

2　平安宮の建物

さて，平安宮跡で検出された平安時代に属する建造物には，空間を区画する施設である回廊・築地・塀跡などと，区画施設に画された空間内に展開する建物跡があり，さらには区画施設や建物に伴う溝などの付帯施設がある。これまでに朝堂院・豊楽院・内裏・中務省・太政官・民部省・造酒司に比定される遺跡で区画施設と建物跡の検出例がある。なかにはほぼ同位置で同種の遺構が複数検出される例があり，施設の変遷を追及することのできる資料として重要である。建物には回廊や築地など区画施設からの距離が整数値（尺）を示す例もあり，平安宮造営時には精密な造営計画指図を元に各建造物の造作が進められたであろうことも窺える。

（1）　**朝堂院**　宮内中央に位置する朝堂院は朝

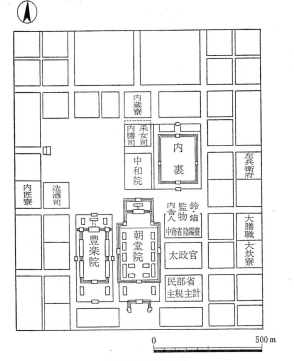

図 1 平安宮復原図

政の場であり国家事業や儀式なども執り行なわれる宮内では最も中心的な施設である。朝堂院内は龍尾壇によって南北を画され，北に大極殿，南に朝堂の十二堂が配される。

大極殿院跡では北面回廊想定位置で凝灰岩を用いた延石・地覆石・束石・羽目石などの遺存する基壇が南北 2 カ所で検出された。その結果，大極殿院回廊基壇は幅 40 尺（約 11.9m）の壇上積基壇で築成され，桁行・梁行とも 12 尺（約 3.6m）の柱間を有する壮大な回廊であることがわかった。大極殿院中央には 9 間 4 面の大極殿が建つとされる

が，想定位置で基壇を示すと考えられる高まりが検出された。大極殿の東では基壇が検出されており，その基壇が大極殿に取り付く東軒廊基壇であり基壇幅は回廊同様 4 丈に復原できることなども明らかになった。大極殿周辺では緑釉瓦の出土することが知られている。

朝堂院跡では東面回廊および回廊北東隅部を示す鉤形に延長する基壇外縁雨落溝跡などが検出され朝堂院を取り囲む回廊基壇も大極殿院回廊基壇とほぼ同規模を有することがわかり，併せて朝堂院の正確な規模も明らかになった。すなわち，大極殿院では同院北面回廊―朝堂院北面回廊間の南北心々長が 37.2 丈・東西回廊心々長が 42.4 丈に復原でき，大極殿院を含めた朝堂院南北心々長は 156 丈，東西回廊心々幅は 64 丈の規模を有する。

一方，朝堂にある十二堂のうち修式堂・延禄堂・承光堂・明礼堂・暉章堂の各基壇および朝堂院東面に開く宣政門の基壇と東階が検出されており，各建物の規模をはじめ建物間や建物と回廊間の距離についても確定できる資料が整いつつある。これら基壇・階はすべて凝灰岩の切り石を使用して構築されている。

（2）**豊楽院** 豊楽院は年中の諸行事などが開催される饗宴の場であり，中央北端には正殿である豊楽院が南面しその北側に後殿である清暑堂が位置する。

豊楽院跡では先に示したように豊楽院北門である不老門跡と清暑堂跡の基壇が検出されていたが，新たに豊楽殿跡該当位置で礎石据付穴が 1 基検出され，さらに北側で基壇跡が検出された。基壇は豊楽殿の北西隅から北縁中央部にかけての部分に該当し，延石・地覆石・束石・羽目石など壇

表　官衙跡検出建物一覧

	所属	規模（間×間）		桁柱間	梁柱間	廂位置・柱間	備　考
1	内舎人	2×7	東西棟	2.7m	2.4m	南 3.3m	南東隅は北築地心→50尺，西築地心→150尺。前期。
2	内舎人	2×5	東西棟	3.3m	3.3m		礎石建物。地山削り出し基壇。中期。
3	内舎人	2×?	南北棟？	2.7m	3.0m		西柱穴は西築地心→20尺，北築地心→100尺。前期。
4	内舎人	2×?	南北棟？	2.8m	3.0m		建物 3 の建て替え？
5	監物	2×2以上	東西棟	3.9m	3.3m		礎石建物？　前期？
6	鈴鑰	2×1以上	東西棟	2.4m	2.4m	南 3.0m	北柱筋は北築地心→20尺。前期。
7	中務省	3×3	倉庫	2.85m	2.4m		前期末。
8	中務省	3×3	倉庫	2.4m	2.4m		朱塗り？　前期末。
9	造酒司	2×5	東西棟	3.0m	2.9m		西柱筋は西築地心→20尺。南柱筋は中軸線。前期。
10	造酒司	2×2以上	南北棟	3.0m	2.9m		東柱筋は中軸線→60尺。前期。
11	造酒司	2×2以上	南北棟	1.8m	1.8m		東柱筋は中軸線→70尺。前期。
12	造酒司	3×3	倉庫	2.4m	1.8m		西柱筋は中軸線→60尺。前期。
13	主税寮	2×4以上	東西棟	2.1m	2.2m		西・南柱筋は西・南築地心→約20尺。前期。

図2 北西から見た豊楽院推定復原図（作図・梶川敏夫）

図3 豊楽院跡全景写真（西から）

上積基壇の外装、西階ならびに中央階などが姿を現わしたのである。基壇上には一辺2mを越える礎石据付穴が5基あり、先の礎石据付穴と併せて復原すると豊楽殿の身舎柱間は桁行15尺、梁行14尺、庇の出13尺の規模を有し、7間4面の建物であることが実証された。豊楽殿の基壇復原高は約2mに想定されている。この創建当初の豊楽殿に伴う北縁中央階の上面で基壇を形成する版築土や塼敷が検出されたことから、中央階はのちに取り壊され、新たに豊楽殿―清暑堂間に北廊が敷設されたことも確認された。

豊楽殿の中央間が検出されたことにより豊楽院中軸が確定したこと、同東面築地内溝跡が検出されたことから、豊楽院の規模は東西長が57丈、南北長が134丈あることが判明した。

なお、周辺から緑釉瓦・緑釉鳳凰文鴟尾・垂木先飾り金具などが出土している。

（3）**内裏** 内裏は外郭と内郭によって画され、外郭正門の建礼門に面対してその北に内郭正門である承明門が建つ。内郭には正殿である紫宸殿を中心に多くの殿舎が建ち並ぶ。

内裏内郭跡では、西面回廊跡で凝灰岩を用いた延石・地覆石の遺存する基壇および川原石を並べた雨落溝が、東面回廊跡で凝灰岩製の西縁延石などが検出され、内郭を巡る回廊基壇が幅3.6丈の規模を有する壇上積基壇であることが判明した。

承明門跡の調査では同門北縁の雨落溝が検出された。雨落溝は凝灰岩の切石を使用した痕跡のある旧期のものと川原石を使用した新期のものがある。雨落溝北方には紫宸殿南庭が広がるが、白砂を敷き詰めた化粧も確認され、紫宸殿南庭の入念な造作を示している。また、平安時代前期から後期に至る地鎮め遺構が承明門中央を中軸として南北方向に並ぶことから内裏中軸が確定でき、内郭

東西回廊心々幅は57丈，南北回廊心々幅は72丈，外郭は東西心々幅が73丈あることが判明した。外郭については南北心々幅は100丈，北面の鷹司小路宮内延長路幅は10丈と想定していたが，新たに内蔵寮ー内膳司間の立会調査で東西方向を示す数条の溝跡が検出された。仮にこの路幅を4丈として東へ延長すると内裏外郭南北心々幅は106丈になろうが，これまでの調査成果では内裏など主要施設の周囲に小路幅の路は検出されていないことや，外郭北面にあるとされる朔平門や雑舎の占地などを考慮すると妥当な路幅とは言い難く，外郭北面における今後の調査成果を待ちたい。

これまで内裏内で検出された建物跡はないが，蔵人町屋・登華殿・春興殿跡などでは建物に伴うと考えられる雨落溝が検出されている。川原石を敷き詰めたものもある。

内裏の建造物に伴う雨落溝に凝灰岩や川原石を多用したことが特徴として指摘できる。

なお，内裏に西接する中和院は天神地祇の祭が執り行なわれた施設であるが，中和院跡では版築を重ねた掘込地業の肩口が検出された。掘込は検出面からの深さ約1.0m，版築1枚の厚さは約1〜10cmあり，中和院正殿である神嘉殿に伴う掘込地業に想定できる。

（4）**官衙** 一般に，官衙四至には築地が巡りいくつかの門が開く。官衙内には正殿のほかに付属建物・倉・井戸などが配され，さらに内部空間を区画施設で仕切る場合もある。

官衙の四至を示す明瞭な築地痕跡の検出例は少なく大半は築地に伴う溝跡などの検出にとどまるが，溝の位置を検討することにより築地位置はほぼ確定できる。築地跡ないし築地に伴う溝跡などが検出された官衙には，中務省・太政官・民部省・造酒司・内匠寮・大膳職ー大炊寮間・左兵衛府・内蔵寮などがある。多くの場合，検出された溝には明瞭な護岸施設の痕跡はなく，幅や形状なども一様ではない。築地該当位置で検出された遺構の検出例を総合すれば，おおよそ諸官衙の築地基底部幅は7尺，犬走幅は3.5尺，外溝・内溝は8尺に復元できそうである。築地に伴う内溝には造営直後に埋め戻された例もある。

官衙地域内で復原できた建物跡は13棟ある。このうち11棟は掘立柱建物に，2棟は礎石建物に復原できる。官衙地域内の調査では基壇外装施設を伴った建物の検出例はない。

○中務省の規模については「宮城図」に東西56丈余，南北37丈余の書き込みがあるが，調査成果からもこの丈数にきわめて近い数値を得ており，東西築地心々幅が57丈，南北築地心々幅が37丈あることがわかった。その結果，中務省ー太政官間

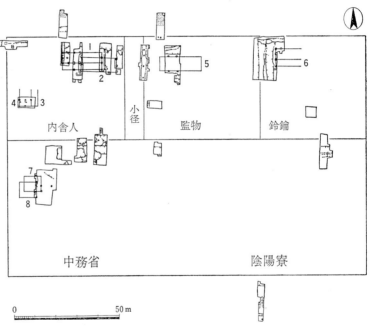

図4 中務省跡遺構配置図

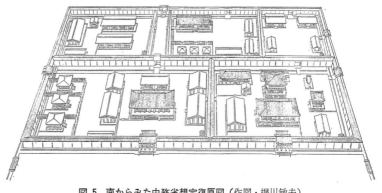

図5 南からみた中務省想定復原図（作図・梶川敏夫）

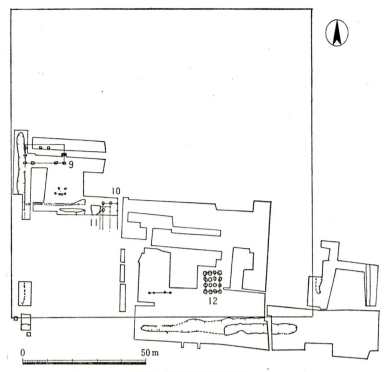

図6 造酒司跡遺構配置図

は春日小路の宮内延長路に相当し路幅は4丈が妥当であろうが，実際の路幅は7丈であることも判明した。

省内北半には同省所属の品官が置かれるが，南北方向の築地跡と路幅3丈の中務省内小径跡を検出したことにより3地区に区画されることがわかり，出土した「内舎人」・「監」などの墨書土器を考慮すると，西から内舎人・監物・鈴鑰地区に該当するであろうこともほぼ確定できた。

北半中央の監物想定区画には東西棟礎石建物と考えられる柱列があるが，構造・規模は他の建物を凌いでおり監物正殿の可能性があろう。内舎人想定区画では東西棟掘立柱建物から地山削り出し基壇を伴う東西棟礎石建物へ建て替えが行なわれ，構造的な変容が窺える。この建物は内舎人の正殿に想定できそうである。同区画西端の南北棟掘立柱建物を想定した柱列にも複数の建て替えがあるようだ。これは内舎人の付属建物であろう。鈴鑰想定区画では東西棟掘立柱建物があるが，鈴・鑰いずれかの正殿と捉えることも可能であろう。

○民部省跡南西隅部の調査では南面・西面築地跡が検出され，東西築地心々幅は中務省跡同様57丈，南北築地心々幅は40丈あることが判明した。

調査では「主税　元慶□□五月一日」墨書土器が出土し，当該地を民部省の被管である主税寮に想定する有力な資料となった。西南隅に東西棟建物が1棟ある。民部省内における主税寮の正確な区画は明らかではないが規模や位置からは主要な建物とは考えられず，正殿に付属する建物であろう。

○造酒司跡は宮内に所在する官衙の中では最も広域にわたり調査が行なわれている。東面・南面・西面築地に伴う溝跡が検出され，造酒司四至は40丈四方に復原できる。4棟の建物が検出されており，うち1棟は総柱建物の倉，他の3棟は規模や位置から付属建物であろう。

このように，朝堂院を始め諸官衙の四至はほぼ確定されたと言ってよく，平安宮が極めて精度の高い厳格な計画指図によって造営されたことを示している。したがって，造営時の四至区画施設や建物配置の具体的な状況に迫ることも可能となり，たとえば諸官衙の職掌ごとに建物の規模や構造が異なることなども読み取ることができる。今後，さらに平安宮の調査研究が押し進められることによって，造営時の実態や統廃合ならびに災害などによる各施設の変遷・変容などについても追及できる可能性はあろう。

参考文献
辻　純一「発掘調査資料を中心とした平安宮復原の現況」杉山信三先生米寿記念論集刊行会編『平安京歴史研究』1993
家崎孝治「平安宮大極殿の復原」同上
辻　裕司「平安宮中務省跡」同上
山中　章「初期平安京の造営と構造」古代文化，46—1，1994
辻　純一「条坊制とその復元」『平安京提要』1994
瀧浪貞子「大内裏の構造」同上
寺升初代「平安宮の復元」同上

寝殿造の遺構

京都市埋蔵文化財研究所
長宗 繁一
（ながむね・しげいち）

寝殿造は寝殿を中心に築かれた家屋や園池で構成された総体をさす。
その変遷は平安時代後期，鳥羽殿に総大成された姿としてあらわれる

　平安京には「第」や「殿」や「院」と呼ばれた貴族邸宅が多数営まれた。その様子は，絵巻物の中で部分的ではあるが知ることができる。また，日記や指図類からも窺い知ることができる。これらの史料を基にして，建築史の面や庭園史の方面から多くのことが明らかにされている[1]。しかし，それはあくまで限定された史料であり，断片的なものである。日記類の多くは，当時の上流貴族の邸宅に関するものに限られるし，主に邸宅の表向きの部分しか扱っていない。これらの問題を解決するには発掘調査の資料の積み重ねに頼るしかない。

　寝殿造という様式は，京内の町の中に寝殿を中心に築かれた家屋や園池で構成された総体をさす言葉であろう。寝殿・対屋・中門廊などの建物が廊により連結され，前には庭が開け，池を設けていることが特徴と言える。しかし，実際の調査では，限られた調査面積や1200年の間に複雑にきざみ込まれた痕跡を残す遺跡から，寝殿造を完全な姿でとらえることには困難な作業を伴う。したがって，家屋と園池の両方が整って発見された明確な例は今のところない。多くは建物群のみであったり，園池跡のみであったりする例がほとんどである。しかし，その資料も増加し邸宅に関するものや園池に関係するものなどの研究がなされるようになってきた[2]。

1　寝殿造の邸宅例

平安京右京六条一坊五町[3]（図1参照）

　平安京の調査例で今のところ最も寝殿造の姿に近いと思われる建物配置をもつ邸宅跡であるが，正殿（寝殿）の前は狭く園池に関係する遺構はない。町の東側4分の3を占地する敷地の南半部に

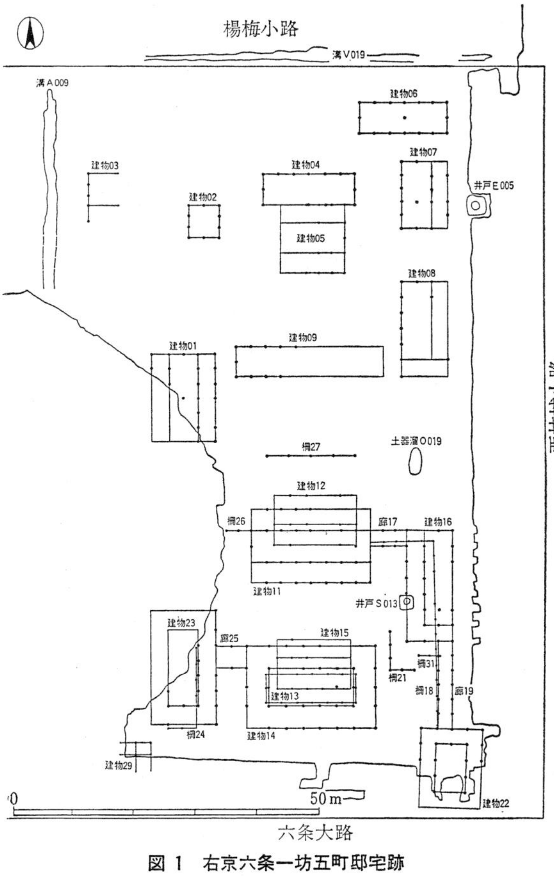

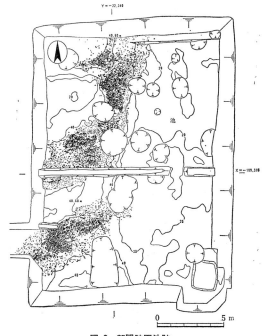

図1　右京六条一坊五町邸宅跡

図2　賀陽院園池跡

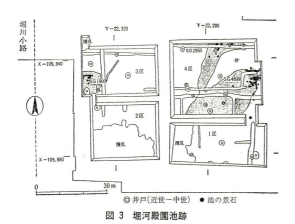

図3 堀河殿園池跡

廊で連結される殿舎群，北半部にこの邸宅を維持し日常の生活を支える雑舎群を配置している。史料からは邸宅名を特定できないが，その規模や配置構成から上位クラスの貴族邸宅と推定できる。

2 寝殿造の園池例

A 平安京左京二条二坊九・十・十五・十六町　高陽院[4]（図2参照）

平安時代前期に賀陽親王の邸宅が，11世紀初頭には宇治関白藤原頼通の邸宅が築かれる。東西南北2町を有し藤原氏の権勢を象徴し，これ以上の大邸宅は天皇の後院を除いてはみられないものである。11世紀中頃には頼通の邸宅として，以後は里内裏や院御所となる。調査では9世紀前半の洲浜を伴う池跡の一部，10世紀初めの洲浜と池跡，平安時代後期の洲浜や景石，池の中に延びる柱列など重複する園池跡を検出している。

B 平安京左京三条二坊九・十町　堀河殿[5]（図3参照）

堀河殿跡は現在の二条城の東，堀川通に面した位置にあたる。9世紀中頃，関白太政大臣藤原基経の邸宅としてはじまる堀河殿は，高陽院などとともに平安時代を代表する最上位の邸宅である。基経は東隣の閑院とともにこの殿を使い，両殿とも南北2町の規模を有している。以後里内裏として何度と使用され，焼亡や再建・新造の史料がみられる。調査では占地の北半部分にあたる箇所で大規模な園池を検出し，池跡やこれにそそぎ込む遣水，滝口の景石組と石敷，各所に点在する景石などを確認した。殿舎部分は，未検出で調査区の北側に位置するものと推定できる。

C 平安京四条三坊九町[6]（図4参照）

三条大路の南に位置するこの付近には，平安時

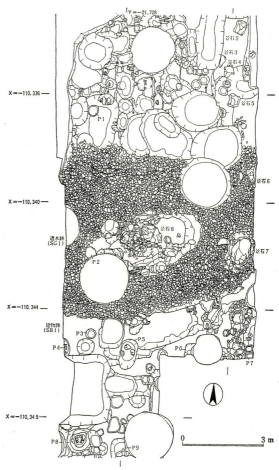

図4 左京四条三坊九町園池跡

代中期から多くの上流貴族の邸宅が建ち並んだ。調査では，12世紀頃の中島を伴う石敷きされた池跡（遣水の一部）や景石，東対屋の一部と思われる柱穴跡を検出している。これらの位置は町の北東部に当たることから，寝殿の南に広がる園池へとつながる遣水の一部と推測される。遣水跡は東西方向に伸び幅6.5m，深さ0.4mを測る。中央部には中島を築き景石を据えている。史料から九町は三条桟敷殿と呼ばれ，1127年（大治2年）には藤原実能の邸宅となり白河法皇などが訪れており池が設けられていたことがわかる。以後，院御所にもなっており，一町規模の寝殿造の一部を知ることができる。

3 山荘の園池例

史跡嵐山[7] **右京区嵯峨天龍寺芒ノ馬場町**（図5参照）

小倉山の西麓，大堰川に接した北岸で1987年に実施した調査で9世紀前半頃の園池跡を検出し

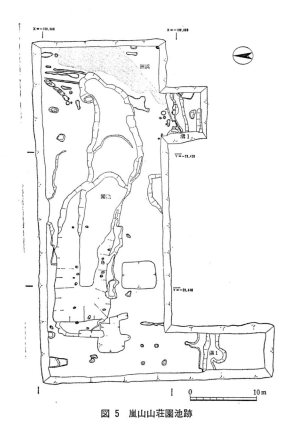

図 5 嵐山山荘園池跡

た。調査では池跡と洲浜のほぼ全体を検出しており，規模は幅 8m，長さ 37m，深さ 2.2m を測る。底部には拳大の石と粘土を混ぜ合わせ，下の砂礫層に水が抜けないように工夫してある。東側の緩やかな傾斜面には洲浜を設けていた。殿舎部分は未検出だが，池跡の北側に建ち，池を眺め南を流れる大堰川の流れるさまを取り込んだ絶好の場所にあたる。平安時代前期の園池を知ることのできる資料であるが，山荘名については史料からは知ることはできない。

4　鳥羽殿[8]

伏見区竹田内畑町・田中殿町ほか（図 6 参照）

院政開始とともに，白河上皇はその拠点となる鳥羽殿の造営を開始する。これまでの発掘調査の成果と史料とを重ね合わすと，鳥羽殿は朱雀大路から南下する造道をはさんで，東側に御所と御堂からなる壮大な空間を築き，西側には院政を支える諸機関や御倉町，また院近臣の邸宅を配置させたことがわかる。東殿には死後の世界を準備し，御陵（塔）と御堂を築き極楽浄土を造りだした。これらはこれ以前の内裏と諸司厨町との関係，寝殿造の邸宅や山荘・離宮の構成，さらには御陵と陵寝寺との関係，浄土思想による仏事空間の造営などを総結集し，ひとつのものとして創造したのである。平安時代寝殿造の総大成としての姿としてとらえられるものである（表1参照）。

註
1) 太田静六『寝殿造の研究』吉川弘文館，1987
2) 堀内明博「平安京における宅地と建物配置について」，仲　隆裕「平安京の庭園遺構」『平安京歴史研究』杉山信三先生米寿記念論集刊行会，1993
3) 梅川光隆ほか『平安京右京六条一坊－平安時代前期邸宅跡の調査－』京都市埋蔵文化財調査報告第11冊，京都市埋蔵文化財研究所，1992
4) 網　伸也・内田好昭・高　正龍「平安京左京二条二坊・高陽院跡1」『昭和63年度京都市埋蔵文化財調査概要』京都市埋蔵文化財研究所，1993
5) 菅田　薫・本弥八郎・吉川義彦「左京三条二坊」『昭和58年度京都市埋蔵文化財調査概要』京都市埋蔵文化財研究所，1985
6) 小森俊寛・上村憲章「平安京左京四条三坊」『昭和62年度京都市埋蔵文化財調査概要』京都市埋蔵文化財研究所，1991
7) 木下保明「史跡名勝嵐山」『昭和63年度京都市埋蔵文化財調査概要』京都市埋蔵文化財研究所，1993
8) 『増補改編鳥羽離宮跡』京都市埋蔵文化財研究所，1984

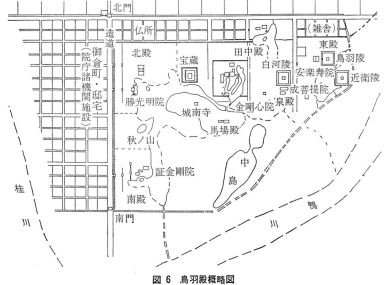

図 6　鳥羽殿概略図

表1 寝殿造の変遷（太字は寝殿造に関係する遺構を確認）

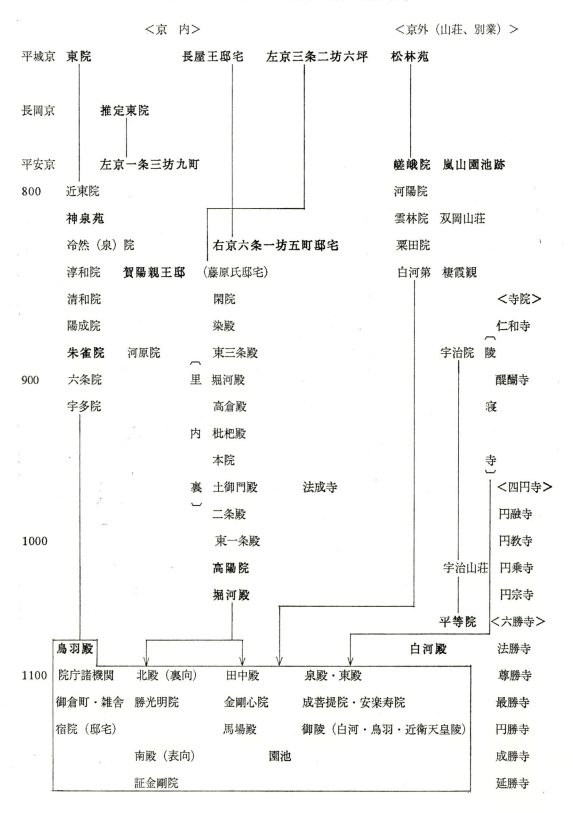

平安京の山岳寺院

古代学研究所教授
■ 江谷　寛
（えたに・ひろし）

平安京には東寺と西寺のみが新しく建立されたが，京の周辺には平安初期すでに如意寺など多くの山岳寺院が建立されていた

1　平安京造営以前の寺院

延暦13(794)年，長岡京から平安京へ遷都した桓武天皇は，南都の仏教勢力をたち切るため，南都の諸大寺を平安京へ移さなかった。ただ平安京造営に際し，羅城門の左右に東寺，西寺の二寺を新京を飾るように建立されただけであった。それはあたかも平城京における大安寺と薬師寺という鎮護国家のための寺院としての伝統をひいており，東寺を教王護国寺と称したことからもその性格が示されており，その寺院経営は空海に一任されていた。これに対して西寺には僧侶を統括する三綱が置かれており，国家によって寺院経営が行なわれていたことが両寺の性格の異なる点であった。

『延喜式　大膳下』に見える「七寺盂蘭盆供養料」の割註に，東西寺，佐比寺，八坂寺，野寺，出雲寺，聖神寺の七寺が挙げられており，このうち東西寺つまり東寺と西寺以外はすべて平安遷都以前から建立されていた各地の氏族を檀越とする古代寺院である。出雲寺は出雲氏，八坂寺は八坂郷の狛人八坂造，聖神寺は賀茂氏の賀茂寺であり，この他にも北白川廃寺（粟田氏），愛宕郡の愛宕寺（珍皇寺），秦氏の蜂岡寺（広隆寺）などが山城盆地の周辺に建立されていた。こうした中で従来から問題となっているのが頂法寺（六角堂）で，縁起などでは平安京内にあった寺院とされているが，平安遷都以後では京内には東寺，西寺以外には寺院跡の遺構は確認されていない。しかし，平安京が造営された平安初期にはすでに周囲の山中に山岳寺院が建立されていた（図1）。

2　平安京造営と山岳寺院

山岳寺院は6世紀に仏教が伝来してまもなく，飛鳥地方の山中に比蘇寺，壺坂寺，岡寺などが建立されており，平地寺院と対応して僧侶が一定期間山林で修行するという形をとっていた。例えば比蘇寺と大安寺，室生寺と興福寺という関係であった。山岳寺院をどのように規定するかという点について，最近，南都をはじめ，全国的に奈良，

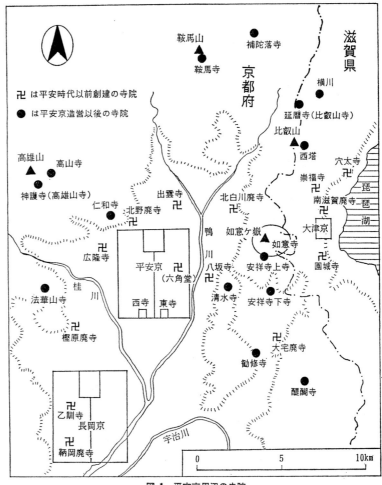

図1　平安京周辺の寺院

37

平安時代の山岳寺院の調査が進んできており，単に山中に立地しているだけで山岳寺院という考え方には問題があると考えられるようになってきた。先にあげた比蘇寺と大安寺の関係について，かつて薗田香融氏は大安寺の僧が比蘇寺へ行って求聞持法という山林修行をしていたことを論証され，密教的な山寺と平城京内の寺院が有機的につながったものであると理解されるようになってきた。こうした関係が平安初期になって，本格的な山岳寺院として比叡山延暦寺と高野山金剛峯寺が建立されるに至ってさらに神仏習合と結びついて全国的に発展していくこととなった。平安京以前の山岳寺院としては滋賀県の大津宮の南滋賀廃寺に対する崇福寺（志賀山寺）があげられるが，平安京造営以後では延暦寺，補陀落寺，神護寺，高山寺，安祥寺上寺，清水寺，峰定寺，鞍馬寺，如意寺などがある。

3 如意寺

如意寺は平安京の東方，如意ヶ嶽の山中にある，標高460mの山岳寺院である。比叡山（848m）の南麓にあって，滋賀県大津市にある園城寺（三井寺）と平安京を結ぶ山中越えの途中にあり，今日では京都市左京区に所在する。発掘調査の結果からみて10世紀前半から室町時代まで存続していたことが確認されるようになった。

園城寺は通称三井寺といい，創建の経緯は不詳であるが境内からは白鳳時代の瓦が出土する。現在は天台宗寺門派の総本山である。創建当初の伽藍についても不詳であるが，北院・中院・南院・三別所・如意寺の5地区に分かれていたことが「園城寺境内古図」にも画かれている。その5幅の内の1つが「如意寺」（図2）で，今日の京都市側から東方を見た姿で画かれており，調査の現状と合致する部分が多い。

この図幅では上方に，如意寺の中心伽藍である本堂地区の建物群を画き，それから下方に深禅院，正法院，西方院，大慈院，宝厳院の6地区の寺社を画いている。最下部には左寄りに楼門の滝とその左側に石段を画いており，現在もこの絵図と全く同じ状態が残っている。

中心伽藍の部分を調査の現況と比較して

みると，北から南へ延びる二つの丘陵を削平して平坦面を作り，5間×4間の懸造りの本堂を置く（図3）。基壇上には礎石が残っている。本堂の前面には楼門跡があり，その前方には三重塔跡がある。この位置では塔跡の遺構はまだ検出していないが，絵図にあるように瓦葺きの塔であったらしく，ここから平安後期の瓦が出土する。塔の前方は急な崖になって石段が画かれているが，調査では谷の部分に盛土をして階段の石を置いた状態が良好な状態で確認できた。ただしこの石段を作った年代は，鎌倉時代以降と考えられる。

三重塔の左右には狭い平坦面があって，西側に常行堂，東側に法華堂が画かれており，常行堂は3間4面で，西・南・東の3面に廂が付いていた。法華堂の遺構は確認していない。この法華堂

図2 如意寺（園城寺境内古図）（三井寺蔵）

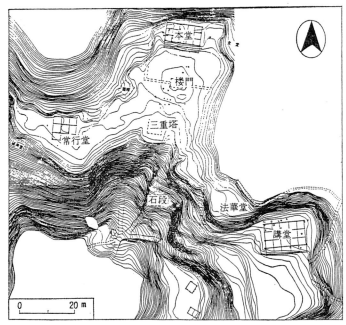

図3 如意寺の中心伽藍

からさらに東側の一段低い位置に講堂がある。ここも本堂と同じく，西北東の三方を削平して谷を埋め，平坦面を作って講堂の基壇を作っていることが発掘調査で明らかになってきた。講堂の前方は本来深い谷地形であったものを，まわりの斜面を削平してその土砂を谷に埋めている。その場合，厚さ約3mも盛土をしており，ほぼ水平に版築のように堆積している。その盛土の土砂の中に10世紀前半の灰釉陶器，須恵器，土師器の他に多量の緑釉陶器，輸入陶磁器が混入している。このことは，創建当初の如意寺の建物が講堂よりも一段高い位置にあって，その建物の廃絶後，土器類の混入した土砂を埋めたということになり，このような大規模な造成工事をやったのは平安時代末期か鎌倉時代にかけてであると推定される。この時期の如意寺では58世長吏であった隆弁が寺門の中興に活躍していたことから，彼の事業ではないかとも考えられる。こうして造成した平坦面の上に，さらに版築によって講堂の基壇を造作している。この基壇を作る時には基壇の一ばん奥に当る部分は岩盤を利用していることが判明しているが，この方法は本堂でも，また深禅院の本堂基壇でも同じであることがわかった。なおこのような大規模な造成工事を実際にやったのはどのような人達であったのかも解明しなければならない。『吾妻鏡』では，源頼朝の軍勢が東北地方へ出兵するに際し，軍勢の先頭には鍬，鋤を持った兵士が居たとあることから，こうした兵士か僧兵のような力があったのではないだろうか。

次に本堂のまわりに鐘楼や食堂，経蔵などの小規模な建物が画かれており，現地形でも小さな突出部が幾カ所かみられるが，地形測量の結果からみてこれらは上部から土砂崩れのあった痕跡であることが判明したので，絵図を画く時にはこのような突出部を知っていた上で，そこへ鐘楼や経蔵を画いたのではないかと考えられる。

如意寺については今一つ，建築史の面でも問題点が指摘されている。絵図では法華堂と常行堂は対比した形で画かれているが実際の遺構ではそれほどの対称性はもっていない。またこの二つは向い合う形ではなく，常行堂は南面している。

次に園城寺の場合をみると，創建は天武9年(680)と伝えているが，「寺門伝記補録」では講堂・大塔などがすべて完成したとあるが金堂の造営については触れていない。このようなことから園城寺では当初，主要堂塔として建立されたのは講堂と五重塔であった可能性があり，これらのことから如意寺においても講堂が中心の堂舎ではなかったかという説もある。このように，平安時代山岳寺院については，発掘調査によって種々の問題点が提起されるようになってきている。

4　その他の山岳寺院

延暦寺は比叡山の北側にあって，東塔，西塔，横川の3つの寺院を中心に，自然地形を削平して伽藍を造営しているが，この寺はあくまでも最澄の私的な寺であって，官寺ではなかった。つまり，最澄の私的な山房であった一乗止観院がやがて寺院的性格となって比叡山寺となり，後の根本中堂となった。延暦寺とよばれるのは最澄の死後，弘仁14年(823)になってからである。

高雄山寺は神護寺ともいい，和気氏の氏寺として河内の神願寺といったが，平安遷都によって高雄山寺と神願寺を統合して神護国祚真言寺という密教寺院とした。境内からは平安後期の瓦が出土する。

39

平安京の葬送地

京都文化博物館
山田邦和
（やまだ・くにかず）

平安京の周辺には木幡などの墓地が点在し，庶民の場合は遺棄も行なわれた。天皇陵にしても確実なものは少なく，今後の課題である

1 墓地の諸相

平安京の周辺には，鳥部野（鳥辺野・鳥戸野），蓮台野，宇太野，化野，神楽岡，深草山，木幡といった墓地が点在していた[1]。中でも有名なのは，藤原氏一門が埋葬された木幡（宇治市木幡）である。宮内庁が「宇治陵」として治定している範囲内に，小さな盛土をほどこした平安時代墳墓群が含まれている[2]。京西郊の化野もまた，化野念仏寺に移築されている大量の石仏群によってよく知られている墓地である。最近この一画（右京区嵯峨鳥居本化野町）から中国製陶器をもちいた骨蔵器が発見されている。褐釉陶器の四耳壺に金銅製の蓋をかぶせたもので，12世紀後半の墓であると推定されている[3]。

平安時代の墓地の立地の一例として，寺院の境内やその付近があげられる。太皇太后藤原順子の発願によって建立された安祥寺下寺では，その寺域内に平安時代前期（9世紀後半）に木炭木槨墓が造られている（山科区安朱中小路町）（図1）[4]。これは墓坑に木炭をつめてそこに木棺を安置したもので，乾漆製品（鏡箱か？）・破鏡片・土師器皿が棺内に副葬されていた。外部施設としては若干の封土をもっていたらしい。仁明天皇の陵寺として建立された嘉祥寺（伏見区深草瓦町）では，その寺域内または隣接地に深草古墓と呼ばれる火葬塚がいとなまれた[5]。こういった墓や火葬塚の被葬者は，いずれもその寺院に関係の深い人物であることが推定されよう。この場合の寺院とは，その墓の「墓寺」（陵の場合は「陵寺」）としての機能を果たすことになる。

生前の邸宅内に墓を営む場合もある。平安京右京三条三坊十町跡で発掘された10世紀前半の木棺墓はその一例である（図2）[6]。化粧道具などの見

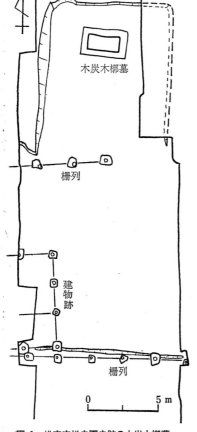

図1 推定安祥寺下寺跡の木炭木槨墓
　　（註4)文献より）

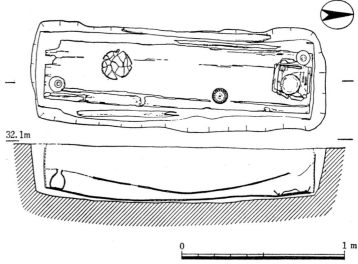

図2 平安京右京三条三坊十町跡の木棺墓（註6)文献より）

事な副葬品を入れるところから，貴族の墓と考えてよい。京内への埋葬を禁じた律令に反してまで埋葬をおこなっているのは，被葬者とその土地とのつながりの深さを示すと考えてよいだろう。ここで想い起こされるのは，『宇治拾遺物語』（巻第三）にみられる次のような説話である。左京の高辻室町に住んでいた「長門前司」という人物の娘が死亡した。そこで遺体を鳥部野に埋葬しようとするが，遺体は何度運び出しても不思議と家に舞い戻ってくる。そこで女の家族は，やむなく家の中に遺体を葬った，というのである。荒唐無稽の伝説に思えるが，平安時代初期には死者を家の側に葬る風習が確認されるから（『日本後紀』延暦16年正月25日条），邸宅内に墓を営むことはありえないことではなかったのである。

平安時代の埋葬として忘れてはならないのは，古墳の横穴式石室を再利用するものである[7]。嵯峨野古墳群の一基である広沢1号墳（右京区嵯峨広沢池ノ下町）では，石室内に火葬骨をおさめた木櫃を安置し，土師器皿・須恵器瓶子・銭貨などを副葬していた。この際，家形石棺を砕き，その一辺に奇怪な神像（塞神［道祖神］と推定）を刻んでいることは興味深い。おなじく嵯峨野古墳群に属する音戸山5号墳（右京区鳴滝音戸山町）では，石室内に灰釉陶器の骨蔵器（薬壺）をおさめていた。

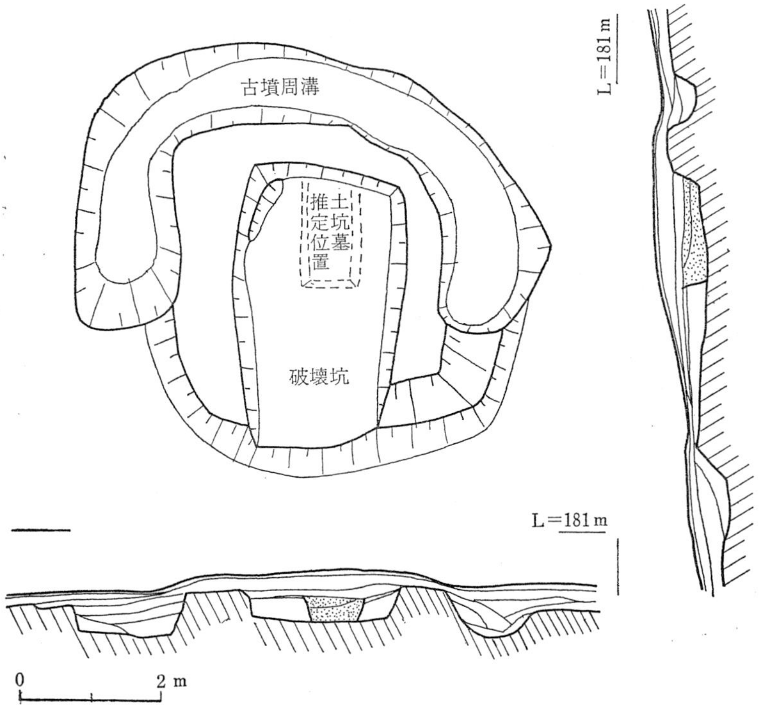

このように再利用された石室のほとんどには須恵器小型瓶子や銭貨（皇朝十二銭）が副葬されており，そうした品物を使用する特別な埋葬儀礼の存在がうかがわれる。

古墳を再利用した平安時代の墳墓の特異な例として，東山の山頂にある旭山古墳群（山科区上花山旭山町）のD-1号墳にも注目しておきたい[8]。この墓は，古墳終末期の小規模方墳（規模は3.7m×4.8m）の埋葬主体を完全に破壊し，その代わりに平安時代後期の土坑墓を作ったものである（図3）。墓の構造は，土坑の中に土師器の皿を敷き，遺体を置いて土をかぶせ，再度その上に土師器皿を置いたというものであった。この墓の土層断面図から，若干の盛土があったらしいことが読み取れるのは重要である。一遍上人の祖父の河野通信の墳墓（奥州江刺所在）がかなり大規模な盛土を持つものとして描かれている（『一遍上人絵伝』）ように，外部施設として恒久的な墳丘を築く墓も存在したのであろう。

ただし，庶民にとって墓は必要不可欠のものではなかった。庶民の遺体は鴨川や鳥部野に運ばれて朽ちるにまかせられることも多かったのである。時には，空き家や路上に遺体が放置されるようなこともあったらしい。平安京右京七条一坊一・二町跡の発掘調査では，朱雀大路と左女牛小路の交差点が検出され，そこから未成年の人間の頭蓋骨が出土している[9]。京内においても，死体の遺棄がおこなわれることがあったのである。

墓と類似する葬送施設として，「火葬塚」がある。方形のマウンドの周囲に溝をめぐらした大規模な火葬塚は，京都大学北部構内遺跡（左京区北白川追分町，鎌倉時代初期）や西陣町遺跡（長岡京市天神二丁目，平安時代後期）において発掘されている。西陣町遺跡の場合にはマウンドの上に石製の宝塔が安置されていたらしい。また，小規模な火葬塚の例は，旭山古墳群内の1号墳墓（山科区上花山旭山町）でも知られている。一辺1.3mの火葬土坑を，高さ40cmの配石

図3 旭山D-1号墳（註8）文献により作図）

および盛土で覆ったものである。平安時代には火葬塚が遺体を埋葬した墓よりも厚く祀られることも多かったから，注意が必要である。

2　平安京周辺の天皇陵

　考古学からみた天皇陵の問題はこの20年余りの間に急速に研究が進んだテーマであり，その結果として，古墳時代の天皇陵の信頼性の低さは今や学界の常識となったといってよい。しかしその反面，奈良時代以降の天皇陵についてはいまだに研究の蓄積が乏しく，宮内庁の治定を盲信する傾向が根強く残っている。天皇陵の写真が書物の挿図にかかげられていることもよく見るが，これなどは宮内庁の治定を無批判のままに受け入れていると言われてもしかたないであろう。もちろん，大規模な遺構を地表面に残すことが少ない平安時代の天皇陵の検討はかなりの困難をともなうが，かといって現時点の学問的水準による検証を怠るわけにはいかないのではなかろうか。

　そこで，平安時代の天皇陵を再検討してみることにしよう。今のところほぼ確実といえる天皇陵は，醍醐・白河・鳥羽・近衛・後白河・六条・高倉の7帝陵に限られると考えている（表1）。逆にいうならば，それ以外の天皇陵はいずれも，位置の比定を誤っているか，または妥当なようであっても確証を欠くものばかりだということになる。

　平安時代前・中期の天皇陵で唯一被葬者が確実と考えられるのは，醍醐天皇陵（伏見区醍醐古道町）である。同天皇陵の場合には醍醐寺が事実上の陵寺としての役割を果たして管理にあたってきた[10]し，鎌倉時代初期の『宇治郡山科郷条里図』によっても現陵が位置を誤っていないことが知られるのである。醍醐天皇陵は，文献史料からその構造が詳しくわかることによっても価値が高い[11]。すなわち，山陵の埋葬主体は一辺3丈の土壙の内に「校倉」（槨）をおさめ，さらにその中に棺を入れたものであった。副葬品としては，硯・御書三巻・黒漆の筥・琴・箏・笛・和琴が納められた。外部構造としての墳丘は造られなかったけれども，陵上には卒都婆三基が建てられ，後に周囲に空堀が掘られている。

　平安時代後期にはいると，確実と考えられる天皇陵の事例が増える。白河天皇陵（伏見区浄菩提院町）は，発掘調査によって一辺56mの方形で周囲に幅8.5mの濠をめぐらすという構造が判明し

表1　平安京周辺の平安時代天皇陵
（所在地はいずれも京都市）

天皇名	現在の陵名	所在地	判定
桓武天皇	柏原陵	伏見区	×▨
嵯峨天皇	嵯峨山上陵	右京区	※●
淳和天皇	大原野西嶺上陵	西京区	※●
仁明天皇	深草陵	伏見区	×□
文徳天皇	田邑陵	右京区	×▲
清和天皇	水尾山陵	右京区	※●
陽成天皇	神楽岡東陵	左京区	●
光孝天皇	後田邑陵	右京区	×▨
宇多天皇	大内山陵	右京区	※●
醍醐天皇	後山科陵	伏見区	◎
朱雀天皇	醍醐陵	伏見区	□
村上天皇	村上陵	右京区	×
冷泉天皇	桜本陵	左京区	●
円融天皇	後村上陵	右京区	※●
花山天皇	紙屋上陵	北区	●
一条天皇	円融寺北陵	右京区	●
三条天皇	北山陵	北区	●
後一条天皇	菩提樹院陵	左京区	●
後朱雀天皇	円乗寺陵	右京区	×□
後冷泉天皇	円教寺陵	右京区	×□
後三条天皇	円宗寺陵	右京区	×
白河天皇	成菩提院陵	伏見区	◎
堀河天皇	後円教寺陵	右京区	●
鳥羽天皇	安楽寿院陵	伏見区	◎
近衛天皇	安楽寿院南陵	伏見区	◎
後白河天皇	法住寺陵	東山区	◎
二条天皇	香隆寺陵	北区	●
六条天皇	清閑寺陵	東山区	◎
高倉天皇	後清閑寺陵	東山区	◎

判定欄備考

◎　考古学的・文献学的に見て，宮内庁治定の現陵にほとんど疑問がない。

●　現陵またはその付近である可能性は高いけれども，決め手を欠いているためなんともいえない。

×　現陵は史料的に矛盾があり，別の候補地を求めたほうがよい。

▲　現陵は古墳時代の古墳の可能性が高い。

□　現陵よりも可能性のある場所を限定できる。または，ある程度の範囲の中で可能性のある場所を指し示すことができる。

▨　可能性のある別の候補地が指摘されており，検討の余地がある。

※　薄葬によって葬られたため，真陵の位置を限定できる可能性は低い。

ている[12]。この方形区画の中央に三重塔が建立され，そこに天皇の骨蔵器がおさめられたのである。この陵は鳥羽殿（鳥羽離宮）の域内にあり，同天皇陵の陵寺である成菩提院の境内に位置していた。このように，寺院の中に塔や御堂を建立して遺骨を納めるのは，平安時代中期以降に次第に一

般化する天皇陵の形式である。鳥羽・近衛両天皇は鳥羽殿安楽寿院内の塔に，後白河天皇は法住寺内の法華堂に，そして六条・高倉両天皇は清閑寺内の法華堂に，それぞれ遺骨が納められている。後白河天皇陵の法華堂には，天皇の皇子女のひとりが供養したと推定される天皇像（鎌倉時代後期）が安置されている[13]。六条天皇陵と高倉天皇陵の場合，堂はすでに廃絶してしまったが，その基壇だけは今も確認することができる。

一方，位置の比定に問題が残る例としては，仁明・光孝・後朱雀・後冷泉の各天皇陵をあげておこう。現在の仁明天皇陵（伏見区東伊達町）は江戸時代に荒地であったところを整備したものであり，平安時代の墳墓であるかどうかはよくわからない。仁明天皇陵はその陵寺として営まれた嘉祥寺と表裏一体の存在であり，嘉祥寺の遺跡は現陵の北約150mの付近（伏見区深草瓦町）にあたっていると推定されるから，仁明天皇陵もまた現陵より北方に考えたほうがよいことになる[14]。光孝天皇陵は仁和寺の西，仁和寺大教院の東北にあると記録されているのに対し，宮内庁治定の現陵（右京区宇多野馬場町）は仁和寺の西南，大教院推定地の東南にあたっており，史料的に矛盾がある。後朱雀・後冷泉両天皇陵は，円融寺（四円寺のひとつ）の跡地と推定される龍安寺の裏山（右京区龍安寺御陵ノ下町）に治定されている。ただ，両天皇陵をこの地に推定するのは根拠にとぼしく，実際の両陵は四円寺のひとつである円教寺に営まれたと見たほうがよい[15]。円教寺の推定地は仁和寺の東南方（右京区花園天授ノ岡町付近）にあたるから，後朱雀・後冷泉両天皇陵もまたその付近に比定するのが正しいと考えられよう。

3 まとめ

平安京周辺の墓地・葬地の研究は，まだまだ進んでいるとはいえない。考古学的に発掘調査された墓も数の上では微々たるものにとどまっているし，ましてや平安時代の墓地の全域が調査された例は存在しないのである。しかし，ここにあげただけでも，平安京周辺の墓地がいかに多種多様な様相を示すかは理解されよう。

平安京の周辺には多数の天皇陵が存在する。しかし，文献史料の充実した時代の天皇陵であっても，現在の宮内庁の治定を盲信してはならないことは明白なのである。平安時代の天皇陵についても，絶えまない学問的検証が必要であることを強調しておきたい。

註

1) 平安京周辺の墓地については，山田邦和「平安京の近郊一墓地と葬送」『平安京提要』角川書店，1994，で概観した。あわせて参照していただきたい。

2) ただし，「宇治陵」に治定されている大部分は，実は古墳時代後期の大規模な群集墳である「木幡古墳群」である。「宇治陵」の一角に直径1m，高さ数十cmの小さな塚が群集している部分があるが，これが平安時代の墳墓群であると見られる。

3) 小檜山一良『化野の墳墓』［京都市考古資料館リーフレット］No. 59，京都市埋蔵文化財研究所・京都市考古資料館，1993

4) 高正龍『木炭木槨墓を発見』［京都市考古資料館リーフレット］No. 61，京都市埋蔵文化財研究所・京都市考古資料館，1994

5) 山田邦和「平安貴族葬送の地・深草」同志社大学考古学シリーズⅥ『考古学と精神』同シリーズ刊行会，1994予定

6) 平尾政幸ほか『平安京右京三条三坊』京都市埋蔵文化財研究所調査報告第10冊，同研究所，1990

7) 辰巳和弘・山田邦和・鋤柄俊夫「京都府下における横穴式石室の再利用」『下司古墳群』同志社大学校地学術調査委員会調査資料No. 19，同志社大学校地学術調査委員会，1985

8) 木下保明『旭山古墳群発掘調査報告』京都市埋蔵文化財研究所調査報告第5冊，同研究所，1981

9) 京都市埋蔵文化財研究所編『昭和61年度京都市埋蔵文化財調査概要』同研究所，1987

10) 大石雅章「平安期における陵墓の変遷」『日本古代葬制の考古学的研究』大阪大学文学部考古学研究室，1990

11) 『大日本史料』第1編之6

12) 京都市埋蔵文化財研究所編『鳥羽離宮跡発掘調査概報』昭和58・61・62年度，京都市文化観光局，1984・1987・1988

13) 毛利　久ほか「後白河天皇法住寺陵の御像に関する調査報告」『書陵部紀要所収　陵墓関係論文集』学生社，1980

14) 註5) に同じ

15) 円教寺内に円乗寺と号する堂が建てられ，それが後朱雀天皇陵にあてられた。

特集●平安京跡発掘

平安京の生活と経済

平安京の人々でにぎわった東西市はどれだけ調査が進んでいるだろうか。また瓦や土器，陶磁器からどんなことがいえるだろう

東市と西市の発掘／平安京の瓦／平安京の土器と陶磁器

東市と西市の発掘

京都市埋蔵文化財研究所
菅田　薫
（すげた・かおる）

平安京の東西市の発掘によって，平安宮がすべての完成をみない時期にすでに市とその周辺がいち早く整備されていたことが知られる

　平安京の東西市は，『延喜式』左右京図などの古図によって，東市は七条大路の北，七条坊門小路の南，大宮大路の東，堀川小路の西四町を占地し，それぞれ，外側に二町ずつ計八町を「外町」として有していたことがわかる。西市は朱雀大路を中心に対称の位置に置かれていた。市内には，市を統括・管理する「市司」が置かれ，また，市比女神社が鎮座していた。

　『日本紀略』延暦十三年七月一日条に，「遷東西市於新京。且造廬舎且遷市人」とあり，十月二十二日の平安京遷都に先立ち，新京の経済基盤となる官営市の東西市を移転させており，律令制における市の役割がいかに大きかったかを窺い知ることができる。このような東西市も，右京域の開発の遅滞とともに西市はすたれ，また，律令制の弛緩化にともない官営としての市の機能を喪失していく。

　これまでのところ，平安京の東西市の発掘調査はあまり進展していない。これは，東市の大半が西本願寺境内や龍谷大学大宮学舎にあたり，西市も，他の平安京域に比べ近年の都市再開発による大規模な開発に遭遇しなかったことによる。とくに市町にあたる地区の発掘調査はほとんど無く，西市外町とその周辺での小規模な立会調査や，発掘調査が多い。

1　東市の調査

　市町では，左京七条二坊一町・二町にあたる龍谷大学大宮学舎内での発掘調査が2件あるが，ともに市にかかわるような平安時代の遺構・遺物の検出は報告されていない[1]。ここでは，東市外町にあたる左京七条一坊十三町の調査を紹介しておく。

　左京七条一坊十三町　学校法人平安学園中・高等部110記念体育館建築に伴い実施した発掘調査で，東市西側外町にあたる。検出した平安時代の遺構は，前期の井戸3基，中期の井戸1基であった。これらの井戸群はまとまって検出し，井戸群の西側に接して南北溝を検出している。この溝の埋没年代は16世紀に比定できるが，溝を検出した位置は，一坊十三町の東西の中心にあたり，造営当初からの宅地割に伴う区画溝に推定される。なお，北六・七門を区画する東西の地割りラインでは溝，柵列などの検出はない。また，井戸内出土層の種実調査から9世紀の当該地周辺の古環境の復元をこころみており，日当たりの良い乾燥した土地であったとしている[2]。

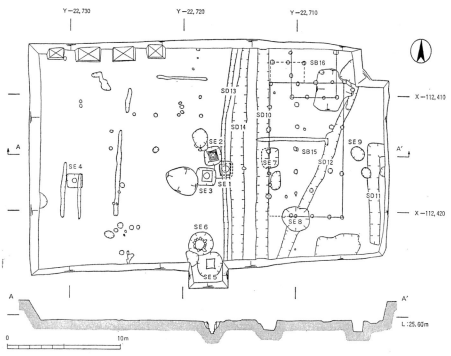

図1 左京七条一坊十三町 東市外町遺構平面図（同報告書より）

2 西市の調査

　市町に推定できる箇所での発掘調査例はない。外町にあたる地点での小規模開発に伴う発掘調査と，七条通りでの共同溝敷設に伴う竪坑の発掘調査，立会調査が主である。したがって，東市同様に市の構造を明らかにできるような遺構の検出は少ない。しかしその出土遺物には多種・多用なものがあり，また，市外町の南側に接する地点での調査箇所からの出土木簡には市にかかわると推定できる木簡がある。

　右京八条二坊八町　昭和63年，マンション建設に先立ち調査を実施した。西市南側外町にあたり，七条大路の南に面した八町の北辺中央にあたる。調査面積は255m²と狭い範囲であったが，発見した遺構・遺物は市外町の復元に貴重な資料となるものである。検出した遺構には平安時代前期の溝・土壙・柱穴，後期から鎌倉時代の溝・土壙・柱穴・井戸，室町時代の土壙・柱穴がある。各時期を通じて柱痕を残すものを含め多くの柱穴を検出しているが，建物としてのまとまりは確認できなかった。

　平安時代前期の溝は，「町」の中心（条坊復元モデルより求めた数値）より東1.2mの位置に検出幅約0.5mの南北方向の溝184，この溝に東から落ちる東西方向の溝4条を検出している。東西方向の溝は，七条大路南築地心（条坊復元モデルより求めた数値）より南へ12m（溝210），5.4m（溝209），2.7m（溝183），5.4m（溝211）の間隔をもって検出した。この東西方向の溝は，南北方向の溝を越えて西に延びていない。南北方向の溝184を二坊八町の東西中心にある小径の東側溝と考え，溝209，溝183の間2.7mを市外町の内部を区画する脇道と考えることができる。溝は薄い板，杭などの木材によって雑に護岸を施している。時期は溝・整地層の出土遺物から9世紀前半にあてられる[3]。

　『延喜式』左右京職京程町内小径条によると，「凡町内開径者，大路辺町二（広一丈五尺），市人町三（広一丈），自余町一（広一丈五尺）」とあり，市町の中を幅一丈の小径3本によって東西に四区分することが規定されている。江戸時代の考証学者，裏松固禅は，この『延喜式』の規定に「四行八門の制」をあわせて南北五丈，東西九丈二尺五寸を一区画として一町内を32の区画に分けている。右京八条二坊八町の調査地は余りにも狭いため，一町全体の町割を復元するには危険であるが，単純に調査で検出した溝の数値を一町内にあてはめると以下のようになる。南北の中心である北四門と五門の間に一丈の小径を置く。七条大路に面した区画のみ四丈（12m）の区画で設定，以下一丈八

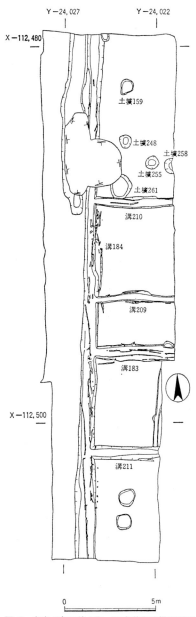

図 2 右京八条二坊八町　西市外町遺構平面図

尺 (5.4m), 八尺前後 (2.4〜2.7m) の脇道, 一丈八尺, 一丈八尺, 八尺の脇道, 一丈八尺, 一丈八尺, 一丈の小径となり, 以下繰り返し塩小路に面した区画を再び四丈とする南北の区画割を推定することができる。数値は異なるが基本的には四行八門制を踏襲しており, この状況は, 狭い区画, 狭い路地に雑に板を貼り付けただけの側溝や, 間口一間ほどの掘立柱建物の市廛を描く『扇面古写経下絵』などの古絵図に見る市の様子を彷彿させる。

　七条通りに電気, 下水などの共同溝を敷設するのにともない, 西大路通りから堀川通りにかけて堅坑の発掘・立会調査を実施した。右京七条二坊十二町にあたる西大路七条交差点東の調査区では, 南北方向の溝, 井戸など平安時代前期の遺構を検出している。南北溝は, 先述の八条二坊八町検出の溝と同様に, 板, 杭などの木材を使い雑に護岸する溝で, 四行八門制の区画にあてはめると東一行および東二行の境界にあたる。同時期の東西溝も検出するが, 市内の小区画を示す溝かどうかは, 堅坑と言う限られた調査範囲のため不明である[4]。このほか, 条坊に伴う溝および区画を示す溝は, 八条二坊一町にあたる2地点での調査でも検出している。

　このように西市外町の調査では, 調査範囲が僅少であることにもよるが, 建物跡の検出は稀である。平城京左京八条三坊の平城京東市の調査では, 南北が, 四分の一または八分の一に, 東西が二分の一に区画され, その中に整然と掘立柱建物が配置されているが[5], 平安京の東西市においては, 上述のようにこのような状況にない。昭和55年, 右京七条一坊十四町の西市外町の東北部にあたる七条中学校校舎新築工事に先立つ調査で, 弥生時代の方形周溝墓などとともに, 平安時代前期の掘立柱建物, 井戸を検出している。検出した建物跡は3棟あり, 東西二間以上×南北一間以上の建物, 二間×二間の総柱建物, 南北一間×東西三間以上の建物がある。当調査地では, 町内を区画する溝, 柵列などの検出はなかった。しかし当時は, 京都市における発掘調査測量基準点の整備がまだ行なわれておらず, 七条一坊十四町内での建物の正確な位置関係は不明である。また, 『続日本後紀』によれば承和八年西市東北の空間地に官営の金融機関である「右坊城出挙銭所」が設置されており, これは停滞する西市を活性化するために設けた施策であったが, あるいは, 七条一坊十四町検出の掘立柱建物は, 右坊城出挙銭所などの役所に伴うものとも推定できる。

3　市の出土遺物

　西市の発掘調査では, 他の平安京の調査に比べ平安時代前期に時期を限定すれば器種・器形ともに多種, 多様なものがある。その大半は土師器・須恵器などを中心に緑釉陶器, 灰釉陶器などの土器類, 箸・しゃもじ・下駄・木靴などの木製品を中心として, 皇朝銭・巡方などの銭貨・金属製

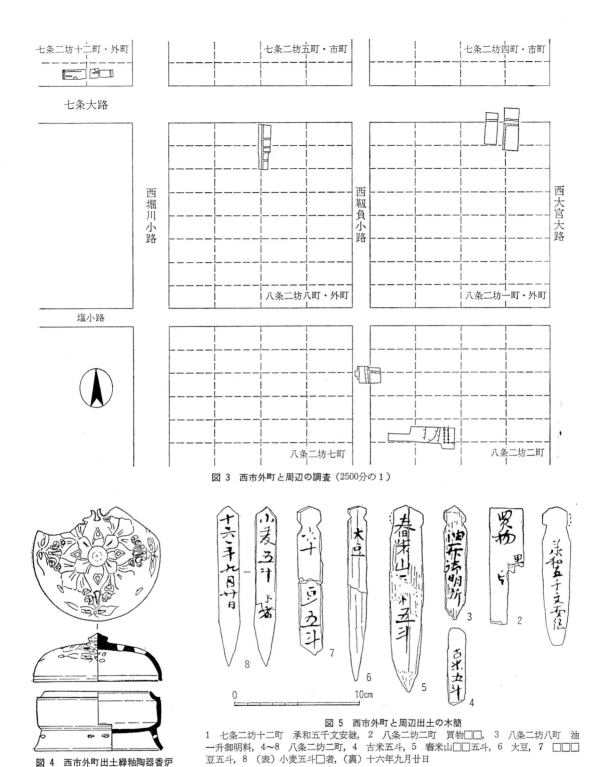

図 3 西市外町と周辺の調査（2500分の1）

図 4 西市外町出土緑釉陶器香炉

図 5 西市外町と周辺出土の木簡
1 七条二坊十二町 承和五千文安継, 2 八条二坊二町 買物□□, 3 八条二坊八町 油一升御明料, 4〜8 八条二坊二町, 4 古米五斗, 5 春米山□□五斗, 6 大豆, 7 □□□豆五斗, 8 （表）小麦五斗□者,（裏）十六年九月廿日

品，石帯などの石製品がある。

　右京七条二坊十二町の調査では，井戸，区画溝などから多くの平安時代前期の遺物が出土している。出土した土器類は他の平安京出土の土器類に通有の器種・器形であるが，井戸からは，木簡，皇朝銭が出土している。木簡には，「承和五千文安継」と「承和六貫文」，裏に「勘有名」と墨書された2点があり，この木簡とともに隆平永宝1枚，承和昌宝34枚，長年大宝16枚，饒益神宝1枚，不明銭1枚の合計53枚と言う多量の銅銭が出

47

土している[6]。

右京八条二坊八町の調査では、区画溝および整地層から調査面積に比して多量の各時代にわたる土器、木製品類などが出土している。とくに平安時代前期の遺物が主体を占める。とりわけ、土器類の中でも緑釉陶器の出土比率が高く、平安京内でも稀な出土品である緑釉陶器の香炉身・蓋がほぼ完形で出土するなど、『延喜式』東西市司に記される西市の専売品である「土器廛」をうかがわせるに十分な土器類が出土した。また、「油一升御明料」と墨書された木簡があり、これも『延喜式』東西市司に記載される西市専売品である「油廛」とのかかわりを示すものであり、西市で油を交易した様子を知ることができる。

西市外町の南に接する右京八条二坊二町での二度にわたる調査で出土した木簡には、「買物」「葛一□」など市とのかかわりを示す木簡[7]や、「小麦」「大豆」「舂米」などの穀物類を表わす木簡[8]が多数出土している。

4 まとめにかえて

平安京市外町の成立は、慶滋保胤が天文五年に表わした『池亭記』で平安京の変貌を如実に記したように「西京の開発の遅滞と東京の繁栄」は西市の荒廃と東市の発展をもたらし、東市の隆盛呼応するように、東市の外側に計八町の外町が10世紀頃形成されたというのが、おおかたの文献の示すところであった。『続日本後紀』承和九年十月二十日条に「今、百姓ことごとく東に遷り、件の物を交易す、仍て市廛すでに空しく公事闕（欠）怠す」とあるように、承和二年、承和九年に西市専売品を定めたり、承和八年に右坊城出挙銭所をつくり、西市の活性化を謀るが、それでもなお西市の衰退をとめる事はできなかった。数少ない調査から西市周辺での調査成果を概観すると、平安時代前期に遺跡の中心があり、右京七条二坊十二町や、八条二坊八町の調査成果が示す通り、四行八門制の戸主単位（東西10丈、南北5丈）に近い割付が施工されており、また出土木簡からは、市での交易活動を知ることができる。ところで、西市外町の南に接する右京八条二坊二町の出土木簡の中に「十六年九月廿日」「十六年小麦五□」と2点の年紀木簡があり、伴出した遺物が平安時代前期初頭に比定できることから、延暦十六年にあてることができる。延暦十六年といえば遷都からわ

ずか3年、主要殿舎を除き平安宮も完成していないこの時期に、「市」とその周辺はいち早く整備され、その機能を展開していたのであろう。このように、西市外町とその周辺の調査成果は、遷都に先立ち市を新京に遷し、市を整備することが律令制経済を円滑に推し進める重要な役割を担っていたことを証明している。

そのような西市外町も、平安時代中期以降、遺構・遺物ともにその検出は極端に少なくなる。また、東市外町にあたる左京七条一坊十三町の調査成果でも同様に、1基の10世紀に比定される井戸を除き10世紀以降の遺構・遺物の検出はなく、東西市ともにその様相を大きく変えている。このような平安京の経済の中心である東西市の状況は、10世紀以降、早くも平安京の商業活動の中心が東市の東、町尻小路周辺に成立する中世「七条町」へと展開をし始めたと考える事ができる。

以上見てきたように、平安京東西市の調査はまだその端緒についたばかりであり、点と点をつないだ成果しかあがっていない。点から線、そして面へと調査成果を積み上げていけば、平安京の経済をささえ「四条町」「七条町」など、「中世京都」成立への変遷を市の調査が明らかにしていくことができるのではないだろうか。

註
1) 網干善教ほか『龍谷大学正門―解体修理に伴う事前発掘調査報告書―』龍谷大学校地学術調査委員会、1977
   網干善教ほか『龍谷大学構内発掘調査報告書―大宮学舎西饗・清和館建設に伴う事前調査―』龍谷大学校地学術調査委員会、1977
2) 萩本 勝ほか『左京七条一坊十三町 平安京東市外町の調査』平安学園中・高等学校、1986
3) 菅田 薫「平安京右京八条二坊」『平安京跡発掘調査概報』昭和63年度所収、京都市文化観光局、1989
4) 京都市埋蔵文化財研究所編『平安京跡発掘資料選』同研究所、1980
5) 奈良国立文化財研究所編『平城京左京八条三坊発掘調査概報―東市周辺北東地域の調査―』同研究所、1976
6) 百瀬正恒「京都・平安京西市跡」木簡研究、創刊号、1979
7) 辻 裕司「京都・平安京右京八条二坊二町」木簡研究、8、1986
8) 菅田 薫「京都・平安京右京八条二坊跡」木簡研究、6、1984

平安京の瓦

古代学研究所教授
江谷　寛
（えたに・ひろし）

平安京の瓦は旧都の再利用から次第に都の周辺で焼かれるようになり，やがて需要の増加とともに遠隔地からも運ばれるようになった

1　平安京内の再利用瓦

平安京内で瓦の出土するのは平安宮造営当初の大極殿や豊楽院，朝堂院，東寺，西寺などごく限られた建物だけであった。貴族の邸宅は桧皮葺きで，棟の部分だけが瓦を用いていたと考えられる。これに対し，平安宮内でも天皇の日常の住まいである内裏は桧皮葺きであった。

従来平安京内では奈良前期・後期の瓦が出土しており，これらの解釈については，例えば内裏近くの出水小学校々庭からは藤原宮・大宅廃寺に近い軒平瓦が出土しており，この瓦についてはこの付近に秦河勝の邸宅があって，平安宮の造営に際してとりこわしたのではないかと考える説もあった。また反対に，平安宮大極殿・朝堂院や右京一条三坊九町でも，中心に「右」の裏文字のある三重圏線の軒丸瓦や重廓文軒平瓦が出土しており（図1-8・9），これを平安初期の瓦と考えていたため，戦後，難波宮の調査で同文の瓦が出土するようになった時，難波宮の重圏文軒丸瓦も平安初期のものと考えた時期もあった。

『類聚国史』の延暦13年（794）によれば，長岡宮の「以宮殿如壊也」とあり，翌延暦14年（795）には「以大極殿未成也」とみえる。このことから，延暦13年と14年の元日の儀式は実施できなかったことになり，翌15年の元日には平安宮大極殿で無事に朝賀の儀式を行なっている。したがってこの年にはすでに大極殿が完成していたことがわかる。この記事からみて，平安宮の殿舎の造営に当って，長岡宮の建物を解体して，柱・瓦などを再利用したことを示している。それは資材が不足していたという

ことではなく，何よりも平安の新宮を早く完成する必要があったからである。これらの瓦から見て，藤原宮から平城宮第一次大極殿へ，さらに恭仁京大極殿へと再利用しており，一方難波宮大極殿・朝堂院を長岡京へ移し，さらに平安宮へと再利用していった経過が文献からも解明され，平安京内で出土していた奈良時代の瓦の中には旧都の再利用であることが明らかになってきた。

2　平安初期の瓦

平安宮で旧都の瓦を再利用した建物は大極殿と朝堂院に多く，その他では中務省・太政官・民部省でも出土している。平安京内では右京七条一坊や東寺，北野廃寺でも出土しており，左京四条三坊でも重圏文軒丸瓦が出土している。しかしこの場合，奈良時代の瓦を再利用したと思われる建物としては六角堂が該当するかも知れないが，出土状況からみればむしろ投棄したとも推定できるので，出土地点のすべてが再利用した遺跡とはいえ

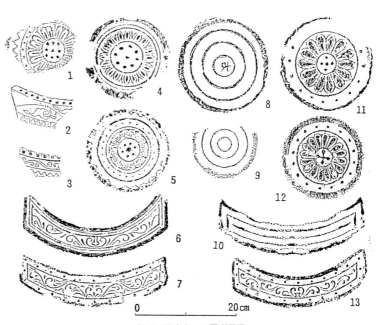

図1　平安京への再利用瓦
1～3藤原宮，4～7平城宮，8～10難波宮，11～13長岡宮

ない。

平安宮内の豊楽院については，長岡宮内に豊楽院に相当する建物がなかったため，平安宮豊楽院で再利用する瓦がなく，豊楽院のために新しく作る必要がおこってきた。

平安宮の建物のための瓦を作るには，官窯としての平安宮直轄の瓦窯を築かねばならなかった。平安宮の造営に際して，延暦12年 (793) には造宮使が設けられて造営に当ったが，大規模な工事を進めていくため，まもなく造宮職に昇格し，それも間もなく，延暦24年 (805) に廃止して，宮内省の被官である木工寮（もくのりょう）に合併された。このようにして平城宮の時代に設置されていた造宮省や造東大寺司の造瓦組織を解体して，新たに平安宮の造宮組織に再編成した結果，洛北の西賀茂（京都市北区西賀茂）に平安宮直轄の官窯を築き，新しい様式の瓦を作りはじめることとなった。

「延喜式」木工寮の条に「凡自二小野栗栖野両瓦屋一至二宮中一，車一両賃卅文」とある。これは小野瓦屋（おののかわらや）と栗栖野瓦屋（くるすのかわらや）という2カ所の瓦窯で瓦を作り，宮中の木工寮の木屋へ車で運ぶ時の車賃の事を規定したものである。

ここにみえる栗栖野瓦屋というのは，京都市左京区岩倉幡枝（はたえだ）にあって，西賀茂の瓦屋から分離した造瓦所である。

この時期に操業していた平安宮の瓦窯としては，西寺の瓦を焼いていた，大阪府枚方市牧野の坂瓦窯と，大阪府吹田市の岸部瓦窯がある。こうした官窯で作る瓦の中で重要な資料となるのが緑釉瓦である。緑釉瓦は大極殿，朝堂院，豊楽院，神泉苑，東寺・西寺の講堂，ややおくれて仁和寺円堂など，ごく限られた建物にだけ葺かれていたものである。

緑釉瓦を焼いていたのは岸部瓦窯，西賀茂瓦窯，栗栖野瓦窯だけで，東寺・西寺の場合は，造寺司が造営をしたが緑釉瓦だけは西賀茂で焼いたものを葺くことになっていた。同じく西寺の瓦についても（図2－3），軒丸瓦の外区に左右に分か

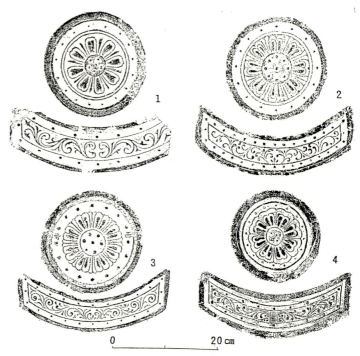

図2 平安時代前期の瓦
1 豊楽院，2 西賀茂瓦窯，3 西寺，4 東寺

れて「西寺」と陽刻があり，牧野の坂瓦窯の製品であったが寺の造営は造西寺司が担当し，緑釉瓦はやはり別に焼いて運んでいる。

3 平安時代中期の瓦

平安宮内での建物の新築，修理，あるいは焼亡による宮殿の再建によって，その都度瓦が多量に必要となってくる。平安時代中期頃になると，瓦は木工寮と修理職（しゅりしき）で作っていた。また平安京内には当初から寺院は作られなかったが，この頃になると平安京周辺に多くの寺院が造営されるようになっていた。例えば仁和寺，醍醐寺，勧修寺，法性寺，六波羅密寺，法成寺，嘉祥寺，貞観寺，元慶寺などが次々と造営されていった。そのため多量の瓦が必要となってきたため，造瓦組織の方でも新しい工夫が加えられることとなった。その一例としては「一本造りの軒丸瓦」が京都で広まっていった。栗栖野と小野は木工寮の瓦屋で，河上，池田，森ケ東瓦窯は修理職の瓦屋であった。「一本造り軒丸瓦」は，栗栖野の瓦を例にとってみると（図3－1・2），一つには文様が従来の蓮華文よりも新しくなり，複弁四葉の軒丸瓦に対して，軒平瓦は中心に向い合う「C」字の左右に3転するわらび手文を入れるというものが

50

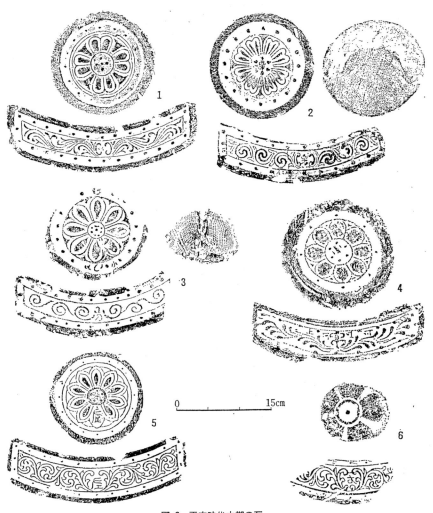

図 3 平安時代中期の瓦
1・2 栗栖野瓦窯，3 小野瓦窯，4 河上瓦窯，5「左」瓦窯，6 池田瓦窯

池田瓦窯は京都市東山区の大谷高校々内で発見された瓦窯で，「右坊」「右坊城」「修」などの文字瓦が出土していることから，修理職に属していた瓦窯であった。この瓦窯では軒平瓦の中央に裏文字の「右」を入れる（図3－6）。

4 平安時代後期の瓦

平安時代の後期は11世紀の後半，白河天皇が洛東岡崎に八角九重塔を持つ法勝寺を建立した承暦元年（1077）頃から，12世紀末の後白河法皇が崩御されて鎌倉幕府が成立する建久3年（1192）頃までの期間で，この間に六勝寺が次々と建立された。鳥羽と白河には院の御所と寺院が建立され，東山の七条には後白河法皇の法住寺殿が

従来よりも新鮮であった。造瓦技法としては，瓦当部分と丸瓦の筒部分をつなぎ合わせるのではなく，最初から一続きの土で作ってしまうため，瓦当裏側に布目が筒の部分まで続いていく（図3－2）。河上瓦屋の製品は，軒丸瓦の中房に「川」字を入れ，軒平瓦では中心飾りの上部左右に，向って左側に「上」，右側に「河」の文字を陽刻している（図3－4）。小野瓦屋はオカイラの森ともいわれ，瓦は，軒丸瓦の外区に向い合うように「小」と「乃」を入れ，裏面に布目がある。軒平瓦は中心飾りに「小乃」の文字がある。これも一本造りである。「左」字の瓦は軒丸瓦・軒平瓦に篆書の「左」字を入れたもので平安宮，仁和寺，大日寺で出土しており，瓦屋の頭文字に「左」の文字が入る瓦窯であると推定されるが，その所在は未だ発見されていない。

あって最勝光院，三十三間堂などの寺院も建立されていた。この頃には平安宮は焼亡と再建が度々行なわれており，瓦の生産が需要に追いつかず，西は九州，土佐，讃岐，吉備，京都周辺では播磨，丹波，河内，和泉，大和，東は尾張，遠江などからも瓦が運ばれてきた。

図4の2・3・4・5・7・8・15・16は尊勝寺跡出土であり，9・13は鳥羽離宮，17・18は醍醐寺出土であるが，これと同形のものは12世紀前半の宇治平等院で多量に出土するようになり，河内との交易が改めて重視されるようになってきている。このうち播磨産の9・13は兵庫県高砂市阿弥陀町魚橋字瓦にあった魚橋瓦窯の製品である。同じ播磨産の瓦でも尊勝寺の瓦は兵庫県三木市の久留美瓦窯の製品である。後白河院庁下文（九条家文書2）によれば，

51

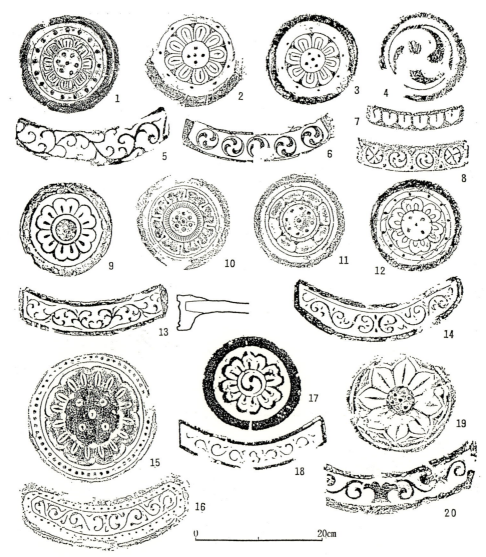

図 4 平安時代後期の瓦　1～8山城産，9～14播磨産，15・16丹波産，17・18河内産，19・20讃岐産

　　院庁下　播磨国在庁官人幷安田庄官等
　　　可早令従二位高階朝臣為預所事
　　　（中略）但当庄加納瓦保年来弁済官物於国司,
　　　被免雑事，所被分進瓦弐万枚於尊勝寺・蓮華
　　　王院両寺也

とあって，この瓦保は後白河院の寵姫であった丹後局，高階栄子が預所として伝領していた土地であった。この瓦保から官物として京都の尊勝寺と蓮華王院へ計2万枚の瓦を貢進することによって雑事を免除されている。この時の瓦（図4－9・13）が先の播磨産であった。

　これら遠隔地からの京都への搬入瓦にはこの他に近年尾張，遠江でも確認されるようになってきた。例えば愛知県大府市の吉田窯からは鳥羽離宮へ運ばれており，常滑市濁池西古窯からは仁和寺南院へ運ばれている。こうした遠隔地から搬入される瓦は，荘園からの貢納というよりも，国司の成功によって，平安宮内裏の焼亡に際し，各国に造宮，補修をわりあてた時，受領国司たちは率先してこれらの事業にとりくんでいった。ただそれは仁和寺南院堂が創建された1131年よりも，若干時期の下る1150～1160年代頃とみるのがこの古窯で生産した他の軒平瓦からみて妥当ではないかと推定されている。この直後から尾張国司たちは平安京から鎌倉政権に向って動きはじめていくのであった。

平安京の土器と陶磁器

京都市埋蔵文化財研究所
■ 百 瀬 正 恒
（ももせ・まさつね）

平安京の土師器は9世紀前半までは畿内各国と共通性をもつが，中葉からは各地で分散的な生産がはじまり，平安京とその他の地域に分かれる

平安京の調査が宮城の小規模な調査から，京域に拡大し本格化したのは，ここ20年のことである。この結果，遺構では精度の高い条坊が施工され，遺物では，京域に同一の様式の土師器が供給されていることが判明した。また，京の内・外では土器の組成や産地が異なる点もわかってきて，土器からみた京域が設定できる段階である[1]。

平安京出土の土器を集成し，一定の年代観を提示したのは，『土師式土器集成本編4』（東京堂出版，1974年）を嚆矢とする[2]。平安宮跡，西寺跡，少将井遺跡の遺物が掲載され，広隆寺跡，尊勝寺跡など京外の土器も紹介された。その後，平安京左京四条一坊[3]，左京一条三坊[4]（内膳町），右京三条三坊[5]などの報告で編年案が発表された。最近古代学協会によって『平安京提要』が刊行され[6]，平安京に関係する遺構・遺物の集大成がなされ，各土器の編年がなされた。

平安時代の容器が土器を主体に製作されたことは容易に想像できるが，金属器・木器・石製品などの素材も使用された。しかし，調査で出土する大半は土器でその他はきわめて少なく，当該時期の容器をトータルに復原するのは容易ではない。ここでは，平安時代の前期から後期を中心に，土器の編年，土器の組成，土器の消費構造，消費を支えた近郊の生産体制を中心に記述する。

1　土器の編年

平安京の編年は，紀年銘遺物，遺跡・遺構の上限の決定できる遺物群で以下の定点がある。
①延暦13年（794）長岡京廃都　長岡京SD 1301 溝遺物[7]
②延暦13年（794）平安京遷都　内裏SX 4・9 土壙遺物[8]
③天暦7年（953）平安京右京二条二坊三町　SX 1（低湿地）緑釉陶器椀[9]
④應和3年（961〜963）平安宮内裏　SK 25 白色土器皿[10]
⑤寛治5年（1091）左京四条一坊五・六町　SE 8

須恵器鉢[11]
⑥建仁3年（1203）鳥羽離宮跡第135次調査　溝 1　卒塔婆[12]

①は長岡京の廃都に伴い整理した遺物群，②は平安京の成立当初の遺物群である。③は低湿地状の遺構から出土した緑釉陶器の底部に「天暦七」の墨書がある。共伴する遺物にはやや新しいものも含まれるが，墨書の年代を上限にできる。④は白色土器皿に「應和年三月」の墨書がある。SK 25からは焼土が出土し，天徳4年の内裏火災とその直後の遺物群である。⑤は兵庫県魚住窯の須恵器鉢の底部に「寛治五年五月一三日」の銘がある。⑥は斜行する溝から紀年銘のある卒塔婆が出土した。これらの絶対年代がわかる遺物を定点にし，型式編年した遺物群に相対年代を付与する。ここでは9世紀から11世紀までを各100年，I〜III期に分け，各期を3区分する[13]。

（1）　9世紀の土器群の様相（I期）

前半はヘラ削り（c手法）の土師器杯・皿・椀で構成され，高台のある杯B，蓋はヘラ磨きをする。須恵器は前代からの多様な器形が残る。中葉になると土師器の外面調整がヘラ削りから，ナデ調整（e手法）だけになり，須恵器には鈕の無い蓋が出現する。黒色土器が増加し，緑釉・灰釉陶器も一定量出土する。後半は土師器の椀形態が消滅し，杯・皿だけになる。須恵器の杯・皿が減少し，黒色土器・灰釉・緑釉陶器が増加し，黒色土器は高台の付く椀形態が中心になる。中国の青磁・白磁が一定量出土する。

（2）　10世紀の様相（II期）

e手法の土師器の杯・皿中心で，器壁が薄くなり，高台の付く杯は消滅する。須恵器は杯Bが消滅し，鉢・壺が中心になる。中葉段階に「て」の字状の土師器杯・皿が成立する。越州窯青磁の影響を受け，緑釉・灰釉陶器，黒色土器に体部の丸い深椀が出現する。後葉には土師器の器壁はさらに薄くなり，法量も減少する。緑釉陶器は近江産が中心になる。

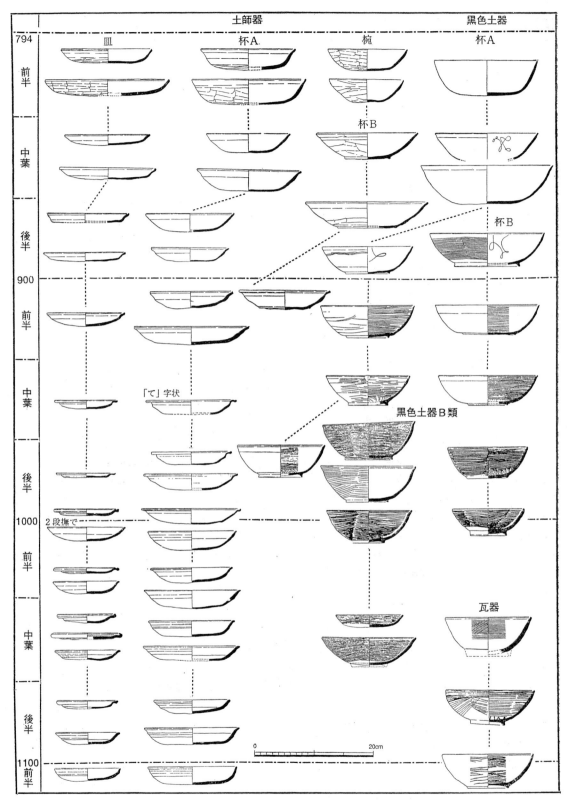

図 1-1 平安京の土器編年

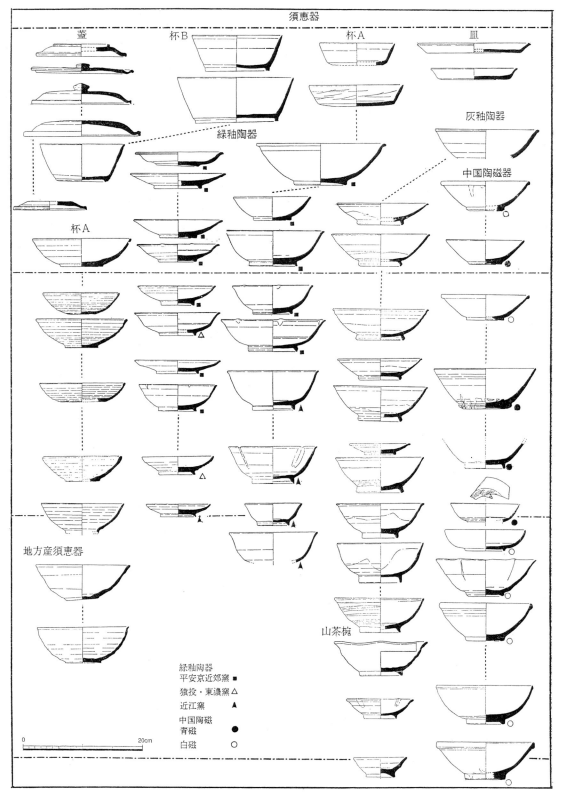

図 1-2 平安京の土器編年

（3） 11世紀の様相（III期）

前半に「て」字状の土師器杯に替わり，端部が外反する2段撫での杯が出現し，法量が大きくなり器壁も厚くなる。緑釉・灰釉陶器，須恵器の出土が減少する。磁器は北宋系の白磁碗が出土する。中葉の土師器は法量が減少する。瓦器が出現し，黒色土器としばらく共存する。後半には土師器は法量がさらに減少し，白磁の出土が増加する。

（4） 12世紀前半の様相

「て」字状土師器小皿が消滅し，土師器杯の端部が外反から立ち上がりものに変化し，法量も増加する。瓦器・白磁が増加する。

（5） 土師器製作技法の変遷

都城の土師器は成立当初からヘラなどの器具を使いヘラ削りや磨きにみられるように器面を調整し，また暗紋などの加飾を施すのを通例とする。この技法は9世紀中葉以降の土師器生産では基本的になくなり，てづくねによる成形だけで生産を行なう。

この生産技術の移行期の土師器には器壁が厚く，形がととのわないものなど，ヘラ削りからてづくねへの過渡期のものもみられるが，それ以降土師器の器壁はしだいに薄くなり，10世紀末には厚さが2mm前後となり，もはや技術的な伝習・発達が不可能なほど薄くなる。その後一転して器壁の厚い，外反する新たな杯が出現する。

2 平安京における土器の消費

平安京では多量の遺物が出土するが，右京では平均1m²あたり0.08箱の遺物が出土し，その最大は0.1箱，最小は0.02箱になる。左京では平均0.4箱，最大は1.0箱，最小は0.4箱である[14]。この数字は左京を一括して扱っており，遺跡の重複が多い上京と下京の町ではさらに増加する。

遺跡の総遺物数をカウントした例では，左京八条三坊[15]で1m² 360点，近接する左京八条二坊[16]では1m² 402点で，似かよった数値がでている。

他地域に比べ量の多い遺物は多様な器種で構成されている。土師器，黒色土器，瓦器，須恵器，緑釉陶器，緑釉陶器素地，白色土器，灰釉陶器，中国・朝鮮陶磁器などがあげられる。この多様な焼物は京近郊や遠隔地で生産され搬入されたが，遺跡の年代，性格，遺構の性格で比率が異なる。

9世紀前半の左兵衛府SD 4，北野廃寺SD 08の器種構成[17]は，図2で示すように，土師器が主体で，須恵器が次ぐ。陶器類，磁器類は少量しか出土しない。9世紀中葉以降とくに後半になると，須恵器の比率が低下し，かわって黒色土器，緑釉陶器，灰釉陶器が共に増加する（右京二条三坊SX 25）。10世紀中葉の右京二条三坊SD 23と内裏SX 25出土遺物を比較すると，黒色土器，須恵器の比率がSD 23で高く，これに対し，内裏では白色土器の比率が高く，宮，京の組成の差を

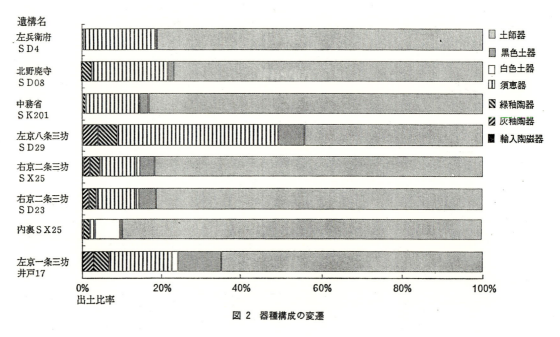

図2 器種構成の変遷

表わしている。9世紀後半の左京八条三坊 SD 29 の須恵器の比率が高いのは，遺構が大規模な流路であることによる。10世紀後半の左京一条三坊井戸17出土遺物は10世紀中葉の京内出土遺物と同様の組成を示すが，11世紀になると緑釉陶器，灰釉陶器の生産が終末をむかえるためその出土量は減少し，土師器が主体になる。

3 平安京に搬入された土師器

平安京出土の土師器には近郊で生産されたもの以外に，主に西日本の各国で生産された土師器が少量みられる。9世紀中葉では f 手法の土師器杯が少量あり，近江国府出土遺物と似ており，近江で生産されたものと推定できる。

11世紀の資料では左京五条二坊八町[18]の井戸から底部に糸切り痕のある土師器杯・皿がまとまって出土した。この杯・皿は，兵庫県の小犬丸遺跡[19]で出土した遺物に近い形態をもつ。共伴する遺物には土師器皿，瓦器椀・皿，白色土器椀があり，11世紀後半の特徴をもつ。

12世紀段階の資料では，鳥羽離宮跡第130次調査[20]の溝から，ヘラ起こしと糸切りの土師器杯・皿が出土し，12世紀中葉の遺物と共伴する。このほか，吉備系の土師器椀が11世紀後半から13世紀まで点々と出土する。これら京外で製作された遺物は，特定の遺構からまとまって出土する傾向があり，一括使用，一括廃棄が想定できる。

4 平安京近郊における土器生産

平安京を経営するために諸官衙は近隣地域に物資の製作所を構えた。土器の生産も平安宮造瓦所が経営された宮北郊の西賀茂，洛北に土師器，陶器の生産地が点在していたと推定できるが，現在判明しているのは，須恵器窯，緑釉陶器窯，灰釉陶器窯など構造的な窯をもつ生産跡である。

（1）土師器の生産地

平安時代の生産地は未確認であるが，鎌倉時代から室町時代の生産跡は，双ケ丘西麓，洛北などで小規模なものを確認している。9世紀の前半は土師器の調納国である河内産のもの[21]が長岡京・平安京で出土しているので，当初は遠隔地から運ばれたものもあるが，平安京の発展に伴い，平安京の近隣での生産が中心になったと考えられる。これは，9世紀中葉段階から出土する土師器と共通する土器を他の地域でみないことによる消極的な推論であるが，その後の土師器生産は平安京の近郊で，京内での消費を目的に生産された。

（2）須恵器・陶器の生産地

平城京は，須恵器を陶邑古窯跡群に求めたが，その後半には，近隣の生駒西麓に新たな生産地を確保する[22]。長岡京の成立に伴い，松井窯[23]・交野ケ原窯[24]など京の南部に移動し生産を開始し，平安京に都城が移動すると，丹波国亀岡市篠古窯跡群[25]が大生産地として確立する。篠古窯跡群に対し，平安京の北郊には官窯が経営され，瓦を主体にし，一部須恵器，緑釉陶器生産を行なう。

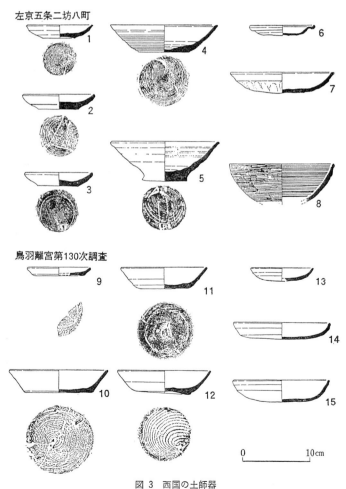

図 3 西国の土師器
左京五条二坊八町　1〜5搬入土師器皿・杯，6・7土師器皿・杯，8瓦器椀
鳥羽離宮第130次調査　9〜12搬入土師器皿・杯，13〜15土師器皿・杯

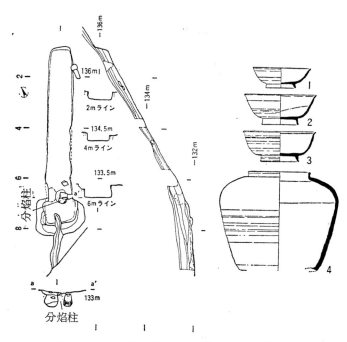

図4 中の谷4号窯 遺構・遺物実測図（遺構1：150、遺物1：8）

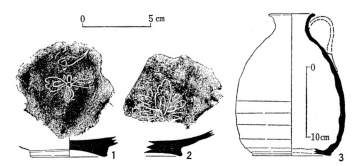

図5 洛西窯出土陰刻花文（1・2）と灰釉陶器水瓶（3）

　緑釉陶器は摂津国吹田市吉志部窯、京郊の西賀茂古窯跡群、洛北古窯跡群などで瓦生産と同時平行的に開始される。吉志部瓦窯[26]からは、平安京に供給した瓦・緑釉瓦が発見され、三叉トチンも出土し、緑釉陶器が生産されたことは明確であるが、現在は遺物の所在が不明で、不鮮明な写真でしか確認できない。近年の工房跡の調査[27]で緑釉陶器が出土し、窯跡での陶器生産を補強した。

　西賀茂・洛北古窯跡群は、瓦窯を主体とし、9世紀中葉までは独占的に緑釉陶器の生産を行なう。現在、数基の緑釉陶器窯、須恵器窯が調査され、10世紀中葉まで生産を継続し、最終段階に灰釉陶器も生産する。近年発見された灰釉陶器窯——中の谷4号窯[28]は半地下式の窖窯で、全長7m、最大幅1.1m、焼成室の床面傾斜角は30～35度で、燃焼室と焼成室の境に分焔柱がある。灰原からは灰釉陶器椀・短径壺・広口壺、緑釉陶器・素地、馬爪型の焼き台が出土する。灰釉陶器椀は東山72号窯型式で、東海の直接指導による生産と考えられる。

　9世紀中葉から須恵器窯、緑釉陶器窯が洛北から洛西に拡散する。洛西窯は現在10数基の窯跡が発見され中心は9世紀後半であるが、10世紀後半まで生産を継続する。緑釉陶器には椀・皿を主体にし、陰刻花文の椀・皿も含まれるが、文様は典型的な唐草文様と異なり単純化されている。素地の調整も荒く、須恵器と併焼され、釉も薄い。その他、モデルにした灰釉陶器の水瓶が緑釉陶器やその素地と共に出土した（図5）。10世紀にはいると丹波国亀岡市篠古窯跡群の須恵器生産窯に緑釉陶器の生産技術が導入される。篠古窯跡群では杯・皿など通常の須恵器はヘラ起こしをし、緑釉陶器は糸切りの後、輪高台を削りだし、器種により技法を変えている。洛西窯や篠古窯跡群の陶器生産は、当該期の都市や各地での需要を賄うために、貢納生産品を模倣し量産されたものである。

5 まとめ

　畿内各国の土師器は9世紀前半までは形態・技法上の共通性をもつが、中葉からは広域な土器様式は成立せず、小地域での分散的な生産が始まる。とくに、11世紀から西日本の各地で始まる土師器を回転台を利用して作る段階になると、器形の共通性もなくなり、地域色が強まる。この段階で、伝統的にてづくねで土器生産を継続する平安京とそれ以外の地域に土師器生産の技術は2極分化する。

　平安京の土師器生産が独自色を強める中で、短期的に他地域に影響を与えることがある。10世紀中葉に越州窯青磁の深碗を模倣した椀が緑釉・灰釉陶器、黒色土器などに模倣され、九州から宮城県までのほぼ古代国家の領域の全体に及ぶ。これは高級な土器を安価な素材で作ることで共通する土器様式をより簡易に享受する目的で行なわれた。

　10世紀後半から11世紀前半にかけて、「て」字

状の土師器皿の模倣が畿内各地でみられ，平安京周辺で生産した同器形の土師器は，西国，東国の各地から出土する。12世紀中葉になると，端部を三角形にした土師器杯・皿が北陸から関東，東北の平泉までの広範な遺跡から出土し，平安京の土師器の影響が広がる。

このように平安京の土師器の各地における模倣は時期的な画期があるようで，連綿と模倣はしていない。その画期は10世紀中葉から11世紀前半，12世紀中葉から後半である。

註・引用文献

1) 平安京の土師器の流通圏は確定していないが，桂川を越えたかつての旧都長岡京下の乙訓郡で出土する土師器とは共通性がなく，乙訓郡出土の遺物はむしろ摂津国出土のものと共通性を持つ。したがって，京の周囲をわずかに含む独自の流通圏を持っていたことが推定できる。とくに長岡京は急速に従来の土器供給圏が変化し，異なる供給圏が確立されることが旧都から出土する9世紀前半の土師器から判断できる。

2) 「京都府」『土師式土器集成』4，東京堂出版，1974

3) 『平安京跡発掘調査報告—左京四条一坊—』平安京調査会，1975

4) 「平安京跡（左京内膳町）昭和54年度発掘調査概要」『埋蔵文化財発掘調査概報』1980—3，京都府教育委員会，1980

5) 『平安京右京三条三坊』京都市埋蔵文化財研究所調査報告第10冊，京都市埋蔵文化財研究所，1990

6) 「第2章　土器と陶磁器」『平安京提要』角川書店，1994

7) 「長岡京跡左京第13次（7ANESH地区）発掘調査報告」『向日市埋蔵文化財調査報告書第4集』向日市教育委員会，1978

8) 「内裏外郭跡」『平安京跡発掘調査概報』昭和57年度，京都市文化観光局，1983

9) 「平安京右京二条二坊（2）」『平安京跡発掘調査概報』昭和56年度，京都市文化観光局，1982

10) 「平安宮内裏（1）」『平安京跡発掘調査概報』昭和62年度，京都市文化観光局，1988

11) 註3）に同じ

12) 『京都市埋蔵文化財調査概要』平成元年度，京都市埋蔵文化財研究所，1994

13) 土器の編年表は京都市埋蔵文化財研究所が編集・刊行した資料を中心に，京都府教育委員会・古代学協会などの資料を加え作成した。

14) 京都市埋蔵文化財研究所の平成3～5年のデータを基礎に計算した。

15) 『平安京左京八条三坊』京都市埋蔵文化財研究所調査報告第6冊，京都市埋蔵文化財研究所，1982

16) 「左京八条二坊」『平安京跡発掘調査概報』昭和57

年度，京都市文化観光局，1983

17) 註6）に掲載されたデータからグラフを作成。

18) 「平安京左京五条二坊八町」『京都市内遺跡試掘立会調査概報』京都市文化観光局，1994

19) 『布施駅家　小犬丸遺跡1990・1991年度発掘調査概報』龍野市教育委員会，1992

20) 「第130次調査」『鳥羽離宮跡調査概報』平成元年度，京都市文化観光局，1990

21) 百瀬正恒「長岡京の土器」『長岡京古文化論叢』同朋舎出版，1986

22) 「主要遺跡の概要—生駒北方窯」『生駒市遺跡分布調査概報』生駒市文化財調査報告書第7集，生駒市教育委員会，1988

23) 「主要遺跡の概要　松井窯跡群」『田辺町遺跡分布調査概報』田辺町埋蔵文化財調査報告書第3集，田辺町教育委員会，1982

24) 八幡市教育委員会『京阪ローズタウン開発計画地内　交野ヶ原古窯跡』1979

25) 『篠窯跡群1・2』京都府遺跡調査報告書2冊・11冊，京都府埋蔵文化財調査研究センター，1984・1989

26) 「岸部瓦窯跡発掘調査概報」『大阪府文化財調査概要』1967年度所収，大阪文化財センター，1975

27) 吹田市教育委員会『吉志部瓦窯工房跡の発掘調査』吹田市教育委員会，1992

28) 「中の谷窯跡」『京都市埋蔵文化財調査概要』昭和61年度，京都市埋蔵文化財研究所，1989

平安建都1200年記念展覧会

○甦る平安京　9月22日（土）〜10月23日（日）

会場＝京都市美術館及び周辺（左京区岡崎）

内容＝イメージの平安京，羅城門と平安京の春秋，王城守護の寺社，貴族生活のうちそと，旅と文学，信仰と祭礼，庶民生活の哀歓，浄土へのあこがれ，京の黄昏・王城のいくさ，王朝美の世界，1200年の地層，王朝の復興

見どころ＝平安京と周辺を1000分の1の大型模型で再現。豊楽殿の内部なども細かに復元したほか，白河法勝寺の全容も復元。さらに京都市1200年の地層を剥ぎとりそのまま展示。

○大唐長安展—京都のはるかな源流をたずねる

9月9日（金）〜11月27日（日）

会場＝京都文化博物館（中京区三条高倉）

内容＝長安への道，栄華の都・長安，はるかなる長安

見どころ＝法門寺塔地宮秘宝を特別陳列。またコンピューター技術による長安城復元映像や章懐太子李賢の墓室の実物大復元を配置。

特集 ● 平安京跡発掘

平安京の周囲

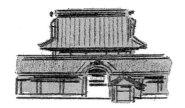

平安京の周辺に位置する鳥羽殿，白河殿，延暦寺，そして経塚はどういう意味をもっているだろうか。さらにアジア的視点からもみる

鳥羽・白河の御所と御堂／平安京をめぐる経塚／平安京と延暦寺／東アジアの中の平安京

鳥羽・白河の御所と御堂

京都市埋蔵文化財研究所
鈴木久男
（すずき・ひさお）

大規模な敷地が推定される鳥羽離宮では御所や御堂の発掘が進んでいる。一方岡崎一帯に営まれた白河殿や六勝寺の調査は今後に待たれる

1 鳥羽離宮について

『扶桑略記』によれば白河天皇は離宮の造営を応徳三年（1086）の七月頃から始められているが，それは堀川天皇に譲位される直前のことであった[1]。離宮造営の地は，もと備前守藤原季綱が山荘を営んでいた所であったが，それを季綱は白河天皇に献上したのである。

造営は，五畿七道の国々に課役されたが，主要部分は讃岐守高階泰仲が造進した。その結果藤原季綱と高階泰仲は重任された。離宮の造営は，白河の御所や寺院と同じように受領の成功によって行なわれた。

離宮の造営は白河天皇により始められたが，逝去後は鳥羽上皇によって継続された。その結果，南殿・北殿・馬場殿・東殿（泉殿）・田中殿などの御所と証金剛院・勝光明院・成菩提院・安楽寿院・金剛心院などの御堂が建立された。

離宮は平安京から南へ約3km ほど離れた所に営まれたが，鴨川の流れは今と違い離宮の東側にあり離宮の南方で桂川と合流していた。大きな河川に挟まれていた離宮は，度々水害を受ける水難の地であった。

離宮へ行くには朱雀大路から南へ延びた作道を行くのが一般的であったが，時として鴨川の堤を下る場合もあった。離宮を過ぎて作道を南西へ曲がると「久我畷」へと続き，山崎へ至ることができた。すなわちここは，景勝の優れた地でありしかも交通の要所でもあった。

ところで鳥羽離宮の規模については，発掘調査では明らかでないが，史料によればその敷地は百余町（100ヘクタール）とあり，破格な規模であったことがうかがわれる。

さて離宮に造営された最初の御所は南殿であったが，敷地の西辺は便の良い作道に面していた。1963年から66年に行なわれた南殿の発掘調査では，南西から北東方向にかけて桁行8間・梁間5間（寝殿），桁行6間・梁間4間（小寝殿），桁行7間・梁間3間（御堂）の礎石建物が雁行形に連なって発見された[2]。これらの建物はいずれも廊でつながっていた。雁行形に連なった建物の南および東側が池であったことが確認され，これらの建物が池のすぐ近くに建てられていたことが明らかになった。御堂と考えた建物は証金剛院のことであり，南殿の造営当初にはなく康和三年（1101）になって供養された離宮最初の仏堂である。この

60

御堂は寝殿と独立せず廊でつながっており両者は一体化している。

北殿は，名神高速道路京都南インターチェンジ付近一帯に営まれたものと推定している。北殿は南殿と同様作道に面していた。御所と思われる建物跡は，南殿から続く池の北岸において検出した[3]。御堂の勝光明院は，池の西岸と東北部において確認している。勝光明院阿弥陀堂は宇治平等院の阿弥陀堂（鳳凰堂）を写した御堂で保延二年（1136）に鳥羽上皇によって供養された。また，東北部において同じく平等院宝蔵を模した経蔵が平行して営まれた。

阿弥陀堂に関する遺構として，池の汀に接して造られた基壇の一部があげられる。基壇の化粧石はすべて後世に抜き取られていたが，化粧石が据えられていた路には凝灰岩の破片が見られ，化粧に凝灰岩の切り石を使用していたことが明らかになった[4]。

勝光明院の経蔵は宝蔵とも呼ばれ，鳥羽上皇が集められた宝物が納められていた。その遺構は北殿の東方，金剛心院西限築地の西側で発見した。経蔵は東西約 38m，南北約 48m，高さ 0.6m を測る規模の基壇上に建てられていた。基壇の北・南・東側には，屋根幅 3m の瓦葺きの築地塀が巡らされていた。倉はその中央部に建てられていたであろう。基壇東辺中央部には小規模な門が設けられていたが，中に入るための階段などの施設はなかった。基壇西辺部はほとんどが未調査のため詳細は不明であるが，史料などから回廊状になっていたものと思われる。

東殿は離宮の北東部に造営されたが，それ以前には泉殿が営まれていた。天仁元年（1108）白河上皇はそこに三重塔の建立を思い立たれ，自ら現地へ赴かれてその場所を定められた。それから約1年半後の天仁二年八月に供養された。その後白河法皇の御遺言によって，この三重塔下に御骨が納められ御陵となった。そして鳥羽上皇は塔の南側に，白河法皇が崩御された三条西殿の西対屋を移して九体阿弥陀堂とされた。塔と九体阿弥陀堂を含めた一郭を成菩提院とした。

ところで，白河天皇陵（成菩提院陵）の周囲で実施した調査によって，御骨を納められた三重塔の周りには東西 54m，南北 55m にわたって幅 6〜7m，深さ 1.5m の堀が巡らされていたことが明らかになった[5]。ところでこの堀の内法面には，堅

固な石積みが施されていた。いっぽう，近衛天皇陵もほぼ同規模であったことが周辺部の調査によって明らかになった[6]。この発見は平安時代の御陵を考えるうえで重要である。

鳥羽上皇は，東殿に保延三年（1137）に御堂を供養している。同五年には三重塔を営まれているが，安楽寿院の法号は九体阿弥陀堂が供養された久安三年（1147）以前に付けられたと考えられている。

ところで現在東殿跡には，白河天皇陵・鳥羽天皇陵・近衛天皇陵の3陵が点在しているが，3陵とも生前に建立した塔を墓所としたものである。鳥羽・近衛両天皇陵になった塔は，ともに鳥羽上皇によって東殿の南半部に作られた苑池に面して建てられた。とくに近衛天皇陵の南西部は苑池の一部に張り出している。このように御陵が庭園遺構と一体化した例は極めて稀なことであり，当時の世相をよく現わしている。鳥羽上皇が生前に自らの墓所と死後の供養を滞らないように配慮されたことに驚かされる。御陵の造営などからもわかるように安楽寿院は，証金剛院や勝光明院・金剛心院などとは性格を異にしている。

田中殿は北殿と東殿との間に造られるが，殿舎の中では最も北側に位置している。金剛心院はそこからやや南西に離れた場所に営まれた。田中殿は仁平二年（1152）に造営され，金剛心院はそれから2年後の久寿元年（1154）に建立された。これらの殿舎や御堂は鳥羽法皇による最後の造営となった。田中殿へは作道からの幅約 10m の東西道が通り，その突き当たりに御所は設けられた。御所の北・南・西の三面には道路の側溝とつながった幅約 6m の溝が巡り，東側は池に面していた[7]。御所として使用された建物は，玉石を用いた地業によって整地された上に建てられていた。この工法は，金剛心院釈迦堂や九体阿弥陀堂の基壇構築と共通する。

金剛心院は田中殿の南側に建立された御堂である。『兵範記』仁平三年（1153）四月二十七日の条によると敷地は南北六十丈，東西五十丈とあり，境内には釈迦堂・九体阿弥陀堂・寝殿を始めとして十数棟が建てられていたとある[8]。中心をなしていた釈迦堂・九体阿弥陀堂の2棟はともに瓦葺きの二階造りであった。

最近の発掘調査によって明らかになった境内の様子を見てみよう。敷地のほぼ中央に，桁行7

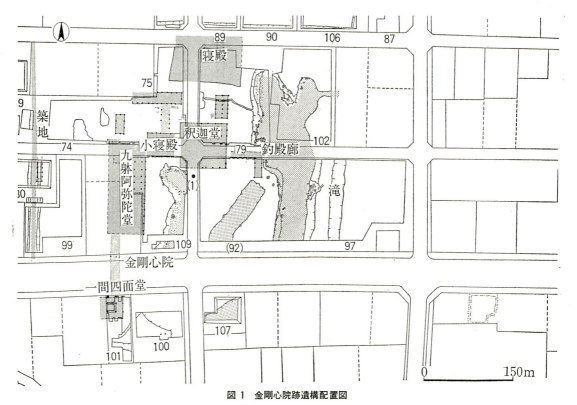

図1 金剛心院跡遺構配置図

間・梁間6間の釈迦堂を認めた。釈迦堂の西辺には寝殿と考えられる建物があった。この寝殿の西側において桁行11間・梁間4間の九体阿弥陀堂を検出した。一方，釈迦堂東辺には廊と釣殿が，釈迦堂の北東には二棟廊が，小寝殿の北側には廊が建てられていた。

金剛心院の南西，九体阿弥陀堂の南側には一間四面堂があり，九体阿弥陀堂と廊でつながっていた。敷地西限には，南北方向に瓦葺きの築地があった。しかしながら東限は素掘りの溝が認められただけである。

このような金剛心院内には，池を中心とする大規模な庭園があった。池は，九体阿弥陀堂の東側と釈迦堂の東側と南側とに見られた。釈迦堂東の釣殿近くには舟着き場が設けられていた。また，九体阿弥陀堂の東方正面には落差1mほどの滝が作られていた。当地のような平坦地に滝を落す作庭技術の高さには驚かされる。

離宮内にあった大きな池については，発掘調査や立ち合い調査で確かめている。離宮内の池は大きく3つに分けられる。東殿を除き離宮造営以前からあった自然の池を苑池として巧みに利用している。

さて，このような大きな池は舟で自由に離宮内を往来することができた。史料にはそうしたことが数多く記されている[9]。例えば，承安三年(1173)の巡礼は証金剛院（南殿）→勝光明院（北殿）→金剛心院（田中殿）→成菩提院（東殿）→安楽寿院（東殿）の順に各御堂を回られているが，これなどもそうした例として考えられる。また，保元三年(1158)四月の御堂巡拝も同様と考えられる。広大な面積を有する離宮内を舟で往来するなど，平安京内はもとより周辺部においても到底無理なことであったが，白河・鳥羽両上皇はそれを自分のものとした。それを現実にした背景は巨大な上皇の権力であった。

2 白河殿と六勝寺

白河殿や六勝寺は左京区岡崎一帯に営まれた。白河の地には，白河上皇による白河泉殿（南殿）・鳥羽上皇の白河北殿・美福門院の白河押小路殿などの御所と法勝寺を始めとする尊勝寺・最勝寺・円勝寺・成勝寺・延勝寺などの寺院が建立された。

白河殿に関する遺構の調査例は少ないが，白河南殿跡では雨落ち溝がめぐる礎石建物2棟や御堂かと思われる礎石建物とそれに取り付く廊を明らかにしている[10]。しかしながら，これらの遺構を

具体的にするまでには至っていない。

一方，白河殿東方に建立された六勝寺の調査は，1959年以降継続されているが，尊勝寺と法勝寺以外の寺院についてはあまりその実体は明確でない。現在その実態が最もよく知られている尊勝寺について見てみよう。この寺院は，堀川天皇の御願寺として康和四年（1102）に供養され，法勝寺につぐ規模であった。『尊勝寺供養記』などの史料によって境内には，金堂・講堂・回廊・灌頂堂・薬師堂・曼陀羅堂・阿弥陀堂・五大堂・観音堂・塔などの建物が知られている[11]。これらの建物のなかで発掘調査によって確認されているのは，金堂と東軒廊・東回廊・五大堂・観音堂・阿弥陀堂・東西塔などである。その結果尊勝寺の伽藍は，二町四方の敷地回廊・軒廊でつながった中門と金堂があり，その後方には講堂があった。金堂の西側には桁行十三間以上の阿弥陀堂が，その南には西塔が位置した。敷地の北半には東西棟の五大堂が東に，観音堂が西に営まれていたことを確認している。

法勝寺は1975年に金堂の基壇西半部が調査され，金堂基壇が今も周囲より一段高く盛り上がったまま残されていたことが確かめられた[12]。基壇上で発見した礎石根固め痕跡から身屋の梁間は，4.65m，軒の出4.03m，側柱から基壇端は6.05mであることを確認した。復原すると金堂基壇は東西52m，南北29.46mで，東大寺大仏殿・大官大寺金堂に次ぐ規模であることが明らかになった。また，1987年には金堂東軒廊部分を調査し，軒廊は東西7間で幅10m，柱間3mであったことをつきとめた[13]。

その他の寺院跡，例えば最勝寺・成勝寺などの調査について少し見てみよう。最勝寺に推定されている岡崎グラウンドの調査では，二条大路末の北側築地と湿地状の凹地を埋め立てた際の地業を明らかにしたが，最勝寺の解明に直接結びつくような遺構は検出できなかった。しかしながら，興味深い発見があった。それは，2基の古墳が二条大路北側築地上で検出されたことである。この古墳は築地を作る際に崩すことなく，意識的に残されていることが調査で確かめられた。そして，この古墳の存在が平安京から法勝寺への御幸に際して不自然な行程を強いることになったのではないかとの指摘がなされた[14]。

成勝寺に比定されている勧業会館跡の発掘調査では，平安時代後期の井戸跡が点々と並んで認められた。またこの付近の旧地形は一様に平坦でなく，二条大路末の道路から南側の南および西は北側に比べて1段低くなっていることが明らかとなり，寺域の規模や位置を見直す必要があるかも知れない。

最後に白河の地割りについては諸説があるが今

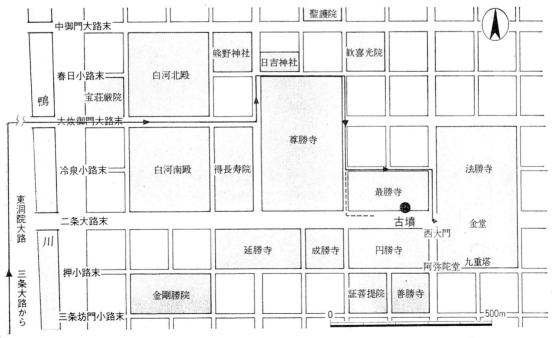

図2 『明月記』（建保元年＝1213年4月25日条）から復元した岡崎御幸の行程図（註14）より）

だに確定していない。近い将来，調査で明らかにした遺構の比定についてある程度の見直しが必要となろう。

参考文献

杉山信三「鳥羽殿とその御堂」『院家建築の研究』吉川弘文館，1981

註
1) 『扶桑略記』応徳三年十月十三日の条
2) 増補改編『鳥羽離宮跡1984』京都市埋蔵文化財研究所，1984
3) 「鳥羽離宮跡第108次調査」『京都市埋蔵文化財調査概要』昭和59年度，京都市埋蔵文化財研究所，1987
4) 「鳥羽離宮跡第118次調査」『京都市埋蔵文化財調査概要』昭和60年度，京都市埋蔵文化財研究所，1988
5) 「第122次調査」『鳥羽離宮跡発掘調査概報』昭和60年度，京都市文化観光局・京都市埋蔵文化財研究所，1985
6) 「第129次調査」『鳥羽離宮跡発掘調査概報』昭和63年度，京都市文化観光局・京都市埋蔵文化財研究所，1988
7) 「鳥羽離宮跡第109次調査」『京都市埋蔵文化財調査概要』昭和59年度，京都市埋蔵文化財研究所，1987
8) 『兵範記』（三）保元三年四月二十七日の条
9) 『吉記』（一）承安三年六月十三日の条
10) 梅川光隆・本弥八郎「20白河南殿跡」『京都市埋蔵文化財調査概要』昭和58年度，京都市埋蔵文化財研究所，1985

堀内明博「白河南殿C調査区」『六勝寺跡発掘調査概要』昭和55年度，京都市埋蔵文化財研究所・京都市埋蔵文化財調査センター，1981

11) 「尊勝寺供養記」『群書類従・第二十四編』続群書類従完成会，1980

上村和直「六勝寺跡A・B調査区」『六勝寺跡発掘調査概要』昭和55年度，京都市埋蔵文化財研究所・京都市埋蔵文化財調査センター，1981

清水擴「六勝寺の伽藍とその性格」建築史学，5，建築史学会，1985

12) 「法勝寺金堂跡発掘調査概要」『京都市文化財年次報告』1974—Ⅱ，京都市文化観光局文化財保護課，1975

「法勝寺金堂跡第Ⅱ次発掘調査概要」『京都市文化財年次報告』1975，京都市文化観光局文化財保護課，1976

13) 辻裕司『法勝寺跡発掘調査概報』京都市文化観光局文化財保護課，1987

竹原一彦「4．尊勝寺跡発掘調査概要」『京都府遺跡調査概報』第23冊，京都府埋蔵文化財調査センター，1987

14) 丸川義広「岡崎グラウンドの『鵺塚』」『リーフレットNo.55』京都市埋蔵文化財研究所・京都市考古資料館，1993

図3 金剛心院出土瓦による葺き上げ復元

平安京をめぐる経塚

立正大学教授
■ **坂詰秀一**
（さかづめ・ひでいち）

末法思想の流布と災害の頻発によって平安京の貴族たちは争って
造寺造仏を重ね，平安京周囲の山岳地域に多くの経塚を造営した

仏教的作善業として平安時代の中頃に濫觴した埋経供養は，末法思想の流布にともなって全国的に行なわれた。現在，確認されている埋経の初期の例は，周知の通り藤原道長が寛弘4年（1007）に大和・金峯山の山上に営造した経塚であり，ついで藤原師直・白河上皇などもあいついで金峯山上に経塚を営んだ。また，道長の女・上東門院彰子は比叡山横川に写経（経箱に入れて）を納めたが，道長・彰子ともに天台の僧（覚運と覚超）の存在が大きな役割を果たしていた。

永承7年（1052）〔『扶桑略記』同年正月26日条〕末法に入る，と喧伝された平安京在住の貴族たちは浄土信仰の浸透のもと，競って造寺造仏に傾注するところとなった。

造寺造仏によって弥陀の極楽浄土を夢想し，如法写経によって弥勒との結縁を願う人びとにとって，埋経供養—経塚の造営は，来世観の発露として曼延していったのである。

延暦13年（794）に建設された平安京は，桓武天皇の政策のもと，国家鎮護の目的のもとに建立された東寺と西寺を除いて，京内に造寺を許さず，専ら山岳地域に既存していた仏寺による山林修行が初期的仏教の中心をなしていた。その伝統は，最澄・空海による比叡山延暦寺，高野山金剛峯寺の山岳伽藍造営として顕現され，かかる傾向は，平安京の時代を通じて顕著であった。

平安京の周囲の山岳地域には，王城鎮護の延暦寺および高雄山寺（神護寺）があり，また，鞍馬山寺，清水山寺など多くの山岳伽藍が営まれていた。

このような状況を反映するとともに経塚の営造立地ともからんで，平安京内に経塚が造られることはなかった。したがって，周囲の山岳地域を中心としてその例が見いだされている。

これらの経塚には，紙本経の経塚と瓦経の経塚がみられる。紙本経の経塚の場合，経筒に刻された紀年銘から，2鞍馬寺—保安元年（1120），治承3年（1179），3花背—1・7号—仁平3年（1153），2号—保元2年（1157）にそれぞれ営まれたこと

平安京周辺の主要経塚

	経 塚 名	所 在 地
1	北 野 天 満 宮	京都市上京区馬喰町
2	鞍 馬 寺	〃 左京区鞍馬本町
3	花 背	〃 花背別所町
4	修 学 院	〃 修学院
5	将 軍 塚	〃 東山区粟田口
6	清 水 寺	〃 清水1丁目
7	亀 塚	〃 今熊野泉山町
8	双 ヶ 岡	〃 右京区御室双岡町
9	広 隆 寺	〃 太秦蜂ヶ岡
10	盆 山	〃 西京区樫原盆山
11	南 原	〃 大原野石作町
12	善 峯 寺	〃 小塩町
13	稲 荷 山	〃 伏見区深草開土口町
14	上 醍 醐	〃 醍醐山
15	鳩 ヶ 峯 A・B	八幡市八幡
16	大 比 叡	大津市坂本本町
17	横 川	〃

がわかるが，ほかの無銘の経筒を納めた紙本経経塚の大部分も平安時代の後期～鎌倉時代初頭にかけて営造されたものである。また，瓦経の経塚として，7亀塚，8双ヶ岡，10盆山，15鳩ヶ峯Bが知られているが，それらは平安時代の後期に営まれたものである。

紙本経の経塚として代表的なものは2鞍馬寺と17横川，そして9広隆寺，13稲荷山であり，瓦経の経塚としては15鳩ヶ峯Bが古来知られてきた。

2鞍馬寺経塚は，平安時代から室町時代にかけて営まれたもので，経筒には，宝塔型・八角宝幢型・円筒型の3型がみられる。なかでも銅製の宝塔型経筒は稀有の優品として有名であり，銅製八角宝幢型経筒と並んで鞍馬寺経筒の代表的なものとして知られている。この経塚よりの出土品は，凝灰岩製の宝塔1，紙本経の経巻残欠，経筒約30，外筒5のほか仏像，鏡像，鏡，懸仏，仏具，合子，銭貨，刀子など300余点があるが，それらは数回にわたって発掘されたものである。したがって，それぞれの組み合せについては明らかではないが，わが国における経塚の代表的な事例として位置づけられている。とくに経塚の標識と考え

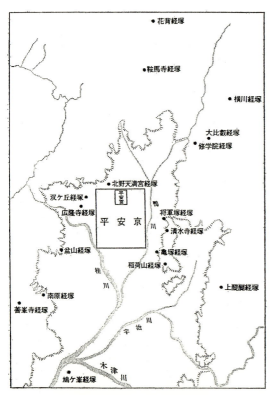

図1 平安京周辺の経塚分布図

図2 鞍馬寺経塚出土宝塔と経筒
（『鞍馬寺経塚遺物』より，鞍馬寺蔵）

られる宝塔（凝灰岩製）の出土は重要であり，法華経書写供養の場を象徴的に示すものとして注目される。

17横川経塚は，比叡山横川の現多宝塔付近より見い出された紙本経の経塚群である。とくに銅製の砧形筒は，覚超の『如法堂銅筒記』（『叡山要記』長元4年—1031—）にみえる慈覚大師円仁書写の如法経護持のために上東門院彰子の助力によって造られたものに比定され，また銅製鍍金の経筒は，彰子書写の如法法華経を納めたものとすることができる。

円仁は，わが国における埋経の創始者と考えられている天台僧であり，その円仁書写の法華経を弥勒再現の世まで伝えることは，衣鉢をつぐ覚超に課せられた使命であったのであろう。横川においてみいだされたこれら経塚の遺品は，まさに埋経濫觴の地に相応しいものとして膾炙されている。

紙本経に対して瓦経は，経典を不朽に伝えるために有効な手段である。その瓦経塚は，全国で20数ヵ所が知られており，それらは延久3年（1071）から承安4年（1174）の間，ほぼ100年間にわたり西日本を中心として営まれたものであった。瓦経については，15鳩ケ峯B経塚のごとく江戸時代（文政年間）に発見され，後に「天徳」の紀年銘が偽刻されて珍重された。同じく8双ケ岡も文政年間に出土したとされており，それらが瓦経であったために世に流布されたのであった。

平安京をめぐる山岳地域において見いだされている紙本経および瓦経を埋納して営造された経塚は，規模の大小はともかくとして，平安京の貴族たちにとっては来世往生への一つの願望達成の証しであったのであろう。

経典を如法に書写し，筒に修め，布で覆い，結縁衆によって封じ，十種供養を行なうことなどを説いた宗快の行儀書（『如法経現修作法』1236）は，初期の経塚造営の姿をいまに伝えている。

横川における円仁書写の法華経を護持する気運が高揚した頃（1030年前後），平安京においては，内裏をはじめ公私の多くの建物が風水害を被り，京内各所において火災があいついで発生し，人心を動揺させていた。天変地異が間断なく京を襲っていたのである。このような大風・洪水などの天変地異，加えて京内火災の頻発は，平安時代を通じて平安京において記録されているが，それは末法到来の時勢とオーバーラップして，とくに貴族層に感慨が横溢したことであろう。

平安京をめぐる山岳地域に経塚が営造された要因の一つはこのような現象に起因していると考えられるのであり，今後とも，平安京周囲の山岳地帯より多くの経塚が見いだされるであろうことが推察されるのである。

なお，平安京（京都）の経塚については下記の論著がある。不備を補って戴ければ幸いである。

三宅敏之「経塚」『平安京提要』1994
難波田徹『中世考古美術と社会』1991

平安京と延暦寺

京都市埋蔵文化財調査センター
梶川 敏夫
(かじかわ・としお)

国家鎮護と山学山修をもって出発した比叡山寺はのちに初めての元号
寺院「延暦寺」となり，平安京と密接に関わりながら発展していった

　平安京の艮（鬼門）の方角にある比叡山は，都の東辺に連なる東山の峰々でも一際高く，朝夕仰ぎ見る秀麗な山並みは，平安京に住む人々や，はるばる都を訪れた人達にとって，むしろ崇高さを感じさせる霊峰であった。

　平安時代の仏教は，天台（法華），真言そして浄土に代表されるといっても過言ではない。

　高野山金剛峰寺（真言宗）に代表される東密に対して，台密の根本たる天台宗総本山の比叡山延暦寺は，平安京遷都より，都からは近からず遠からずの位置を占め，現在に至るまで連綿として日本仏教を代表する宗派として存続し，さらに各時代にわたって政治・文化・思想・文学などを通して，わが国の歴史に多大な影響を与え続けてきた。

　滋賀県大津市坂本本町にある延暦寺は，最澄（伝教大師）を開祖とする天台宗総本山であり，現在も三千の末寺を擁する大教団組織を誇る。

　第62代天台座主となった慈円（1155〜1225）が著した『拾玉集』には「世の中に，山てふ山は多かれど，山とは，ひえいのみ山をぞいふ」と記し，単に山とは比叡の山をさすと述べている。

　比叡山の最高峰は，京都市側の四明ケ獄（838.8m）と，京都・滋賀境にある大比叡（848.3m）で，延暦寺は大比叡の北方から東方の標高500〜700mの山頂部や山腹，丘陵尾根，谷筋などに堂塔坊舎が建ち，東塔・西塔・横川（北塔）の大きく三（塔）地区に分かれて伽藍が成立している。

　また東塔（東・西・南・北・無動寺）の五谷，西塔（北・東・南・南尾・北尾）の五谷，横川（兜率・

図2　延暦寺入口の石碑（雲母坂道）

般若・香芳・解脱・戒心・飯室）の六谷の，合わせて十六谷を含め「三塔十六谷」とも総称される。

　平安京の鬼門方向に延暦寺が位置するといっても，遷都以前にはすでに比叡山寺として創建され，また境内から眺めればわかるとおり，滋賀県下，とくに琵琶湖を眼下において伽藍が成立しており，創建経緯や後に門前町として栄えた表参道下の坂本の発展歴史からみても，むしろ近江側を強く意識して伽藍が発展したことは確かである。

　比叡山は『古事記』に「大山咋神，また山末之大主神と名ずく。この神は近淡海国の日枝山に坐す」と，古来からの山岳信仰を伝えている。

　また天平勝宝3年（751）に成立した漢詩集『懐風藻』には「藤原守袸叡山の先考が旧禅処の柳樹を詠ずるの作に和す」として，藤原仲麻呂（706〜764）の詩に麻田連陽春が和して作ったとする漢詩を載せている。それによると最澄入山の70年以上も前の奈良時代，比叡山中には仲麻呂の父である武智麻呂（680〜737）が建てた私的な山寺が存在したとされ，比叡山中にはこのほか山岳修験者や，当時横行した山林修行僧などが建てた草庵的なものがこれ以外にも存在した可能性がある。

　最澄については，弟子である仁忠が書いた『叡

図1　京都の賀茂（鴨）川付近からみた比叡山の山並み

67

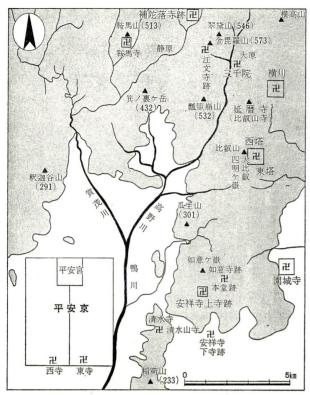

図3 平安京と比叡山延暦寺および周辺の山岳寺院

山大師伝』と、同じく光定が書いた『一心戒文』によって知ることができる。また来迎院に伝わる『国府牒』『度牒』『戒牒』の文書から[1]、天平神護2年(766)に生誕、宝亀11年(780)11月10日に15歳で得度し、同年11月12日に近江国分寺で沙彌となり、延暦4年(785)4月6日に、20歳で東大寺戒壇院で具足戒を受けて比丘となった。

しかし『叡山大師伝』の記述では、弘仁13年(822)に56歳で没したとし、生年が神護景雲元年(767)と『牒』より1年ずれる[2]。

『牒』によると最澄は、渡来系氏族である漢氏の後裔で、比叡山の東方で生まれ、戸主は三津首浄足とする。最澄は、延暦4年7月に日吉社の神宮禅院での修行を経るとすぐに比叡山中に止住した。『比叡大師伝』によると、虚空蔵尾とよばれる場所に一宇の草堂を構えて薬師如来像一躰を刻み、修行研鑽に励んだとされる。

延暦7年(788)には草堂を廃して比叡山寺(一乗止観院)を創建、これが後の根本中堂と呼ばれるもので、貞観元年(859)の『比叡山寺資財帳』には、根本薬師堂・文殊堂・経蔵の三宇の檜皮葺五間建物を載せている。

延暦13年(794)10月22日には平安京が遷都さ

れ、その3年後の延暦16年(797)12月10日に、最澄は内供奉十禅師に補せられ、近江の正税を比叡山寺に賜うことになった。

最澄は延暦23年(804)に入唐求法の後、延暦24年(805)に日本天台法華宗を開立して朝廷に公認を求め、同25年(806)正月26日には勅許が下った。

最澄は、それまで天台宗の学僧であっても戒壇(得度・受戒)は南都(奈良)の東大寺で行なっていたのを、比叡山寺でも行なえるように大乗戒壇独立を目指して、弘仁9年(818)『山家学生式』なる学則を制定し、朝廷に提出している。

弘仁13年(822)6月4日、最澄は比叡山寺の中道院において没するが、その月の11日には念願の大乗戒壇建立の勅許が下り、さらに弘仁14年(823)2月26日には、嵯峨天皇の勅命で最初の元号寺院である延暦寺となった。

それ以後、最澄の弟子である円澄(771〜837)は、根本中堂から西へ少し離れた場所に転法輪院(釈迦堂)を建立し、後に発展して西塔となり、また円仁(794〜864)は、西塔よりさらに北に離れた場所に根本如法塔(首楞厳院)を建立、後に横川として発展、そして円仁が中国五台山で得た念仏法門は、その後、良源(912〜985)や『往生要集』を著わした源信(942〜1017)らに伝えられ、さらに庶民信仰へと広まっていった。

相応は承和12年(845)に15歳で比叡山に入って円仁の弟子となり、天台回峰行の開祖となったが、その伝統は現在もなお生き続けており、千日回峰修行者が山上山下の堂塔を巡り、日夜苦修練行に打ち込む姿を今に見ることができる。

入唐求法から帰国した第5代天台座主円珍(814〜891)は、天台密教の振興に力を注ぎ、また園城寺を勅によって賜わり、再興して道場とした。また円珍は時の権力者である藤原良房およびその子基経の知遇を得て、文徳天皇と良房の娘(明子)の間に生まれた清和天皇の即位祈願で名声を挙げ、のち皇太后明子の護持僧となっており、時の権力者と密教修法との関係を如実に物語っている。

正暦4年(993)には、それまで対立関係にあった円仁・円珍両門徒が衝突し、円珍門徒は山を降りて園城寺へ入り、ここで天台宗は山門派(延暦寺)と寺門派(園城寺)とに分裂した。『山家最略記』には「比叡峰寺、大略の地は三十六町、周山

は四方おのおの六里，四十丈を一町とし，六町を一里とする」とあり，寺域全体では三十六町（4.32km）四方となる広大なものである。

当初の延暦寺の経済的基盤は，律令制下の出挙米や正税米に依存し，また『延喜式』「民部省・主税寮」記載の内容でも明らかなとおり，近江国正税や美濃国正税なども充てられた。そのほか延暦寺諸堂宇の建立・再建については，皇族，摂関家，貴族などが深く関わっている。

官符により桓武天皇の御願寺となった本願堂をはじめ，仁明天皇の定心院，文徳天皇の総持院・四王院，惟仁親王（清和天皇）の宝幢院，朱雀天皇の延命院，冷泉天皇の横川常行堂，花山天皇の静慮院，後冷泉天皇の実相院，弘宗王の大講堂や，後三条院の金剛寿院など，皇族関係の御願寺が境内に数多く建立された。

また摂関家である藤原師輔（908～960）は，元三大師として知られる良源（第18代座主）に帰依し，横川の堂塔伽藍整備に力を尽くし，さらに師輔の十男尋禅（943～990）が良源の弟子となってからは寺領荘園も大幅に増え，横川が独立して三塔が確立していった。

延暦寺の経済的基盤が確立したのは上記の良源の時代とされ，延暦寺中興の祖とされる。

そのほか藤原兼家の志心院，九条兼実の大乗院など，高級貴族らが壇越となって堂塔社殿の建立や再建，所領の寄進などが行なわれた。また都に名声が聞こえた高僧には，弟子として貴族らの子弟の入門も多く，その機縁によって所領などが寄進されることもあって，延暦寺の経済的基盤がさらに強化されていった。

『御堂関白記』によると，藤原道長らの一行は寛弘元年（1004）8月17日，東塔の常行三昧の結願日に当って法会に参列し，また藤原頼長の日記

『台記』には，久安3年（1147）に鳥羽上皇と崇徳上皇が一週間ほどかけて延暦寺山内の三塔を巡って諸堂を礼拝し，頼長もこれに同行したことがみえ，延暦寺へは皇族や貴族の参詣も多かった。

顕学・密教・禅・浄土の研修道場として発展を遂げた延暦寺は，平安時代後期以後，三塔を中心に修行を行なう堂塔の伽藍整備も整い，新しい仏教の流れが興って，良忍（融通念仏宗）・法然（浄土宗）・栄西（臨済宗）・道元（曹洞宗）・親鸞（浄土真宗）・日蓮（法華宗）・一遍（時宗）らの宗祖を輩出し，庶民仏教への道も開かれた。

延暦寺は，元亀2年（1571）9月12日の織田信長による全山の焼き討ちによって壊滅的な打撃を被り，ほとんどの堂塔社殿が灰燼に帰したが，後の豊臣秀吉や徳川幕府による復興により再建が図られ，今に現存する建物も多い。

延暦寺の発掘調査は，伽藍の再興事業や各種土木工事などに伴って行なわれている。

大正12年（1923）には，根本如法堂の再建時に旧跡から銅筒ほかの埋納遺物が発見された。これは承安年間（1171～1175）に，一条天皇の中宮上東門院（藤原道長の娘彰子）が納めたものとされ，藤原期の工芸を代表するものとして，現在，国宝に指定されている。

また1964年から翌年にかけて滋賀県教育委員会による西塔地区の堂坊跡調査では，平安時代建立の2カ所の堂跡と3カ所の坊跡を検出している[3]。

堂跡は60×70mほどの平坦地に基壇を設けたもので，南北に連なる5×4間と5×5間の二つの建物を廊でつなぐ構造をもち，内部にはいずれも須弥壇がつく。さらに南側建物の東でも長大な建物跡が確認されている。そのほか3カ所の坊跡は，幅20mほどの山腹斜面を細長く切り盛りした平坦地に建てられ，竈を伴うものもあった。

横川地区では1969年10～11月にかけて，横川中堂再建に伴う発掘調査が京都大学考古学研究会が中心となって行なわれた（図4）[4]。

横川中堂は首楞厳院とも根本観音堂とも呼ばれ，嘉祥元年（848）9月に円仁が一堂を建立したのに始まり，以後4回も焼失再建を繰り返し，慶長（1596～1615）頃に創建当初と同様式で再建された建物も，1942年7月に雷火で再び焼失している。

発掘調査は山頂付近から北西に突き出た高さ10m余りの尾根上にある横川中堂跡で行

図4 横川中堂再建時の発掘調査（1969年）

なわれた。検出遺構は張り出した尾根上部平坦地から両翼斜面に3段の石垣を築き，狭小な平坦面と斜面地を利用した懸崖造建物である。

この発掘調査では，創建当初の遺構を明確にできなかったが，付近からは銭貨が出土し，北部斜面からは中世期の土師灯明皿が多数出土する祭祀遺構が見つかっている。

一方，平安京跡からは，1984年12月〜翌年1月に平安宮内裏承明門跡の発掘調査が行なわれた[5]。調査では承明門跡の一部が確認され，さらに門跡のすぐ北方から安鎮具埋納遺構跡が発見された。遺構内からは輪宝（銅製八角），橛，土器など，地鎮めのために埋納された遺物が出土した。出土時，輪宝上部には，七宝に見立てたとみられる金粉・銀小板・ガラス玉・ガラス片・琥珀片などが固まって付着していた（図5）。

天台宗の儀軌を修成した『阿娑縛抄安鎮法日記集』には，後三条天皇の新造内裏への遷御に先だつ地鎮めの儀式が，延久3年（1071）7月23日に承明門の北で行なわれたことを記述しており，この遺構は，その時に行なわれた天台密教の安鎮法に基づく内裏内廷の南方鎮所跡であることが判明した。朝廷中枢部の地鎮めに，国家祭祀として天台密教が深く関わっていたことを如実に物語っており，文献資料を裏付ける考古学的にも重要な発見となった。

1994年，京都は平安京遷都から数えて1200年という記念すべき年を迎えた。同年，延暦寺も第3代座主円仁（慈覚大師）生誕1200年にあたり，また根本中堂初度供養1200年という慶事が執り行なわれ，さらに世界遺産条約においては，古都京都の文化財に，大津市の延暦寺も含めて推薦され，今年中には登録される運びとなった。

比叡山では「朝題目に夕念仏」と，法華堂での法華三昧や，常行堂の回りを南無阿弥陀仏を唱えながら行道を行なう念仏三昧など，今も変わらず修行僧の声が山林に響き渡る。

平安京とは互いに密接に関係しあって盛衰を繰り返してきた延暦寺は，原生林が繁茂する日本仏教の聖地に相応しい環境を有し，史跡延暦寺境内を含んで「比叡山鳥類繁殖地」として国の天然記念物の指定を受け，多くの鳥類や日本猿などの動物が生息している。

参詣者の多い観光ルートから少し離れた谷や尾根筋には，平坦な堂塔伽藍跡が人知れずひっそりと残っており，これらは比叡山三千坊の巨刹を誇った天台隆盛期を彷彿するに足る遺跡として大変貴重なものである。

註
1) 京都洛北大原「来迎院」所蔵，国宝指定〔宝亀11年（780）11月10日付『国府牒』（同時代写し），延暦2年（783）正月20日付『度牒』（同時代写し），延暦4年（785）4月6日付『戒牒』（正文）〕
2) 『牒』の記述には「近江国滋賀郡古市郷，戸主正八位下三津首浄足戸口，同姓広野，黒子頸左一，左肘折上一」とし，最澄は現在の大津市（粟津付近か）で生誕。戸主は正八位下の三津首浄足（三津首は渡来系氏族である漢氏の後裔とする）とし幼名は広野，左の頸と肘に黒子があった。父親は，最澄没年後に弟子の仁忠が著わした『比叡大師伝』には三津首百枝とする。浄足と百枝については，同一人物とする説と，浄足は最澄の祖父か叔父とする説がある。また最澄の誕生年については三つの『牒』の記述から天平神護2年（766）誕生とするが，『比叡大師伝』では，弘仁13年（822）6月4日に56歳で没したとし，生年は1年ずれた神護景雲元年（767）となる。これについては大師伝を正しいとして15歳で得度するのを14歳で得度したため，『牒』の記述をわざと1年ずつずらしたとする説と，『牒』の記述が正しいとする説がある。
3) 水野正好「延暦寺西塔堂坊跡群の発掘調査」仏教芸術，61，特集比叡山の美術，毎日新聞社，1966
4) 昭和44年に行なわれた横川中堂跡発掘調査写真は，当時現場調査員であった故浪貝毅氏の生前の資料提供による。
5) 梅川光隆『平安宮承明門跡発見の輪宝・橛について』（第4回京都市考古資料館文化財講座資料，1986）ほか

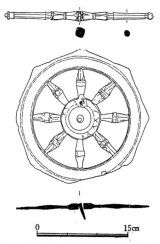

図5　内裏承明門北から出土した輪宝と橛の実測図

東アジアの中の平安京

シルクロード学
研究センター
菅谷文則
（すがや・ふみのり）

平安時代は中国文化にあこがれた時代であって，遣唐使・宋船など
によってもたらされた唐宋文化をぬきにして平安京は理解できない

794年に平安京に遷都され，1185年に源頼朝が幕府を鎌倉に開くまでを本稿の対象とするが，ひろく言われているように，その前半は律令制による政治が行なわれ，そして崩壊し，摂関政治，院政へと，政治・社会の変貌が著るしい。教科書風に表現すると，その後半は国風文化の時代である。それ以前は律令制そのものが，中国大陸において長く政治規範とされていたものの模倣であったとしたならば，平安京時代の後半のいわゆる国風文化の時代に平行する宋代は，盛唐以前の律令制ではなく，基本的には律令制ではなく，わが国の変動と符合している。

平安宮の設計は基本的には長岡宮ではなく，平城宮を手本にしていたようである。それは平安宮の中心が八省院と豊楽院であって，ほぼ同規模の巨大なスペースを占める建築群が朱雀門の北側にあることになる。八省院の北側に内裏が配置され，政治・行政を司どっている。豊楽院は，もっぱら饗宴の場を提供する。今日まで知られる長岡宮の復元図では豊楽院の存在は遺構としては推定されておらず，ほぼ藤原宮のプランを踏襲したことになる。平城宮では，従前から第一次朝堂院跡といわれる朱雀門北側の遺構と，第二次朝堂院跡といわれるその東側の遺構とが，その仮称の一次，二次が示すように時間差をもって経営されたと考えられてきた。ところが発掘調査の進渉につれて双方の遺構ともに，大きく前後の二時期の遺構があり，共存していたことが明確になった。第一次朝堂院の遺構は，『続日本紀』などの文献史料に残されている名称の対比をめぐっては定まっていないが，その性格は豊楽院として定型化し，そして発展する饗応の場とみるのが私見であり，その後半（平城宮II）は，松林苑との関係で南苑とよばれていた可能性が高い。

長く平城宮を述べたのは，平安京の経営に対して規範とされたのが平城京であることを述べるためで，平安宮初期に用いられた文物典章は，大きく言えば平城宮時代のものであったことが推測さ

れる[1]。

ところが平安時代後半になると，いく度からの内裏，八省院，豊楽院の火災焼亡後の再建がなされることがなく，1060年以降は里内裏に替わる。中国唐では，玄宗皇帝の705年以降は，宮城から662年に高宗の風卑の治病のために蓬萊宮として修築された大明宮に政治や饗宴の場は移ってゆく。この大明宮は蓬萊宮の名が示すように，理想的仙境を地上に現出させ，高宗の寿算の長いことを願ったもので，唐の律令制の理想を地上に具現するものではなかった。そして，具体的な建築の配置も含元殿の一画を除けば渠や池庭を組み合わせた林泉であり，邸宅群であったといえよう[2]。

つづいて玄宗の興慶宮が営まれる。興慶宮は長安城の中軸線から東に3本目の南北街と東外郭城との間に位置する邸で，睿宗が五王子の邸宅として与えたもので，玄宗も皇太子時代にここに居住した。そして即位とともにここに勤政楼，花萼楼[3]を建築して公式の統治の場とした。その位置が大明宮の南であったので，長安城の中軸線は東に完全に移動した。これに伴い親王以下の邸宅，遊興の場なども日本風に表現すると東三坊大路の北半部に集中してくる。興慶宮も庭園と建物を組み合わせた林泉の美を誇るものであったことは多くの唐詩に詠まれたところであった。

輪奐の美を誇った長安城は安史の乱（755～763），黄巣の乱（875～884）を通じて，大明宮・興慶宮ともに焼失することがなかったが，黄巣の乱とつづく勤王の上京による掠奪，焚毀によって見る影もなくなった。その後は洛陽宮を用いたりした。902年には五代十国の分裂時代となり，907年には朱全忠が唐を滅ぼして汴を都とした。五代のうち後唐が洛陽を都とした以外は，他はすべて汴京を首都とした。つづく北宋も汴を帝都とし，多くの留学僧がここに至って新文化を日本に伝えた。汴の発掘調査は進んでいないので，汴京の構造究明は文献研究が中心で，いく人もの先学によって各種の復元案が公表されている[4]。いまは触述しな

71

い。

　平安京の八省院における政治から，貴族の邸における政治，つまり里内裏への重心の移行は，10世紀初頭の藤原忠平に始まるようであるが，唐朝から宋朝への移行期にあたっており，京の都市機能の重心の移動は，唐京と平安京とでは極めてよく似ていて左京の北部に移ってゆく。律令的巨大建築群から，林泉のなかの住宅建築への移行も，両者軌を同じくしている。

　池庭と建物を組み合わせた邸の構造は，決して摂関政治のころに記録や図絵が多くなる寝殿造りによって始まったものではない。平城京左京二条二坊に位置する長屋王邸の南西に位置する貴族邸のレイアウトは，池庭をめぐって建築が配されている[5]。しかし，典型的寝殿造り庭園は，現在までの発掘調査結果からは藤原頼通の高陽院を待たねばならないが，そのモデルはすでに奈良時代後半から将来された浄土曼陀羅にみることができる。現存する当麻寺の当麻曼陀羅は遅くとも8世紀中頃には将来されていた。

　敦煌の浄土図[6]は，原則として，画面中央下部に方形または下端の一辺が直線の池が描かれ，その上部に宮殿（仏殿）があり，左右には回廊で連結された脇殿がある。池には島が描かれることが多い。このような浄土図の池庭と殿舎の配置は，中国歴代の王侯貴族の邸に発している。それは漢以降，多くの貴族が「捨宅為寺」としてその邸を施入したからである。宮殿が寺廟を模したのではなく，寺廟の経営にあたって，宮殿を模したのである。宮殿や宅邸にあるはずの池の前面の門は，中国の絵画の特色である透視法によって省略されているのである[7]。

　838年に進発した最後の遣唐使が目にしてきた唐京は，それ以前の遣唐使が目にした唐京ではなく，宮城・皇城地区のさびれた唐京であった。それ以後に入唐する僧俗がみたのは，さらに変化した唐京であった。歴史的には894年の遣唐使の廃止によって，唐との私的ともいえる交易船が増加すると言われているが，実のところは表1に示すように819年の唐人の来航，843年の僧円載の弟子の唐船による一時帰国と再渡航にみられるように，平均すれば3年に一度の割合で唐船の来航が843年から1185年までつづく。その間に新羅船・渤海船さらに南方の船（799年など）もあった。明らかに福建省からの来航（1105年）などもあって，

イスラム陶器などの出土の蓋然性を示唆する。

　寝殿造り建築の成立は，その屋根葺材や室内の衣裳の和風をもって和風文化とすることができずに，逆に唐風に少しでも近づく努力の結果であり，期を同じくして出現する平等院に代表される浄土教寺院の結構と寝殿造りのそれは，藤原京以来つづいている寺院と宮殿は瓦葺，邸宅は有機質材葺の伝統に従っているのであって，つとめて唐風であったとさえ言える。

　調度品では表2に示した輸入品をみれば，その唐指向がよくわかる。これらの輸入品の品物のわかる記録の過半は入唐・入宋僧の将来目録と，10世紀以降の上卿への進上・献上品を上卿側の日記（たとえば道長の『御堂関白記』など）に珍貨を記録したものであったので，品目に大きな片寄りがみられる。なお，表2では仏典・典籍・仏画・仏像の類は除外している。11世紀中頃に書かれた『新猿楽記』[8]には唐物のリストがあり，それと実際に記録された輸入品との間には大きい差はない。それは，

　薬品（麝香，金液丹，銀液丹，紫金膏など）
　香料（丁字，鶏舌，白檀，紫檀，沈，薫陸など）
　石薬（雄黄）
　生薬（犀角，甘松，青木など）
　客器（茶埦，瑠璃壺など）
　容器（籠子，籐など）
　染顔料（金香，丹，朱砂，胡粉，蘇芳など）
　毛皮（豹虎皮など）
　錦綾（多種多類）
　装飾品（呉竹，甘竹など）
　その他（吹玉など）

がある。『新猿楽記』に記述されていないものの代表は生きた動物である。ヒツジ，ヤギ，アヒル，イヌ，クジャク，ウマ，オウム，ジャコウジカなどがあり，邸で飼育されている。ヒツジの飼育も盛んであったのか，1077年には羊病という奇病が流行している。

　このようにして持ち込まれた器物は，各種の経路（商人からの献上，港における役人への献上，港での買い取りなど）をへて広く広がる。それも1006年の宋商朱仁軌から道長への献上以後は，おもに商人から上卿への献上が記録され，1013年からは大宰府にはじまる港湾所在地から上卿への献上が多く記録されるようになる（なかでも『小右記』の筆者で右大臣実資の記録が多い。他の日記の残っていない

表 1 平安時代（794〜1185年）の対外関係略年表

794	延暦13	
795	14	渤海使来着（出羽→越後）
796	15	渤海使入京・帰国
797	16	遣渤海使出国・入国。渤海使入国
798	17	参河国に異国人（天竺人）漂着。渤海使帰国（送使派遣・帰国）
799	18	
800	19	
801	20	
802	21	
803	22	新羅に遣使。遣唐使を派遣（暴風雨のため失敗）。新羅使来る
804	23	新羅に遣使（2回）。遣唐使が唐に来る（第1，2船）
805	24	遣唐使帰国。最澄ら帰国
806	大同1	遣唐使帰国。空海，橘逸勢ら帰国
807	2	
808	3	新羅に遣使
809	4	渤海使来着
810	弘仁1	渤海使帰国。渤海使来着
811	2	漂着の新羅人入国
812	3	新羅人来着
813	4	新羅人と争う（肥前国・小近嶋）
814	5	新羅人が「化来」美濃に定住させる。渤海使来着。新羅人来着
815	6	渤海使来航。唐船来着か
816	7	渤海使帰国
817	8	新羅人187人「帰化」する
818	9	新羅人来着，渤海使来着→帰国
819	10	唐人が新羅人の船で来着。渤海使来着。唐人を乗せた新羅船揚州より出羽に漂着
820	11	渤海使入京→帰国（唐人を乗せる）
821	12	
822	13	渤海使帰国
823	14	
824	天長1	渤海使帰国
825	2	渤海使来着（隠岐国）。新羅人来着。唐人張宝高来航帰国
826	3	渤海使入京→帰国
827	4	渤海使来着
828	5	渤海使の入京を許さず，帰国させる
829	6	
830	7	
831	8	
832	9	
833	10	新羅商客来航
834	承和1	唐人張継明来航
835	2	
836	3	新羅に遣使（遣唐使船の漂着に備えるため）
837	4	遣唐使船出航するも漂着
838	5	遣唐使出発
839	6	遣唐使船帰国。新羅船漂着
840	7	遣唐使船帰国
841	8	遣唐使の雇船した新羅船が帰国する（僧侶ら同船する）
842	9	渤海使入京，僧慧運が唐に向かう
843	10	839年の入唐僧円載の弟子仁好らが楚州から新羅船に便乗し帰国する。旅資をもち再出国する
844	11	仁好らが唐へ渡る
845	12	僧恵萼が帰国
846	13	僧性海ら入唐
847	14	日本人の船が明州に至る。円仁が新羅船で帰国。僧仁好らが唐船で帰国
848	嘉祥1	渤海使来航
849	2	渤海使入京，大唐商人53人が大宰府に至る
850	3	
851	仁寿1	唐商人張友信が来航
852	2	大唐国商人欽良暉の交関船至る
853	3	円珍が王超らの唐船で入唐
854	斉衡1	
855	2	
856	3	円覚が広州に至る
857	天安1	
858	2	円珍らが唐の商人の船で帰国
859	貞観1	渤海使入京→帰国
860	2	
861	3	渤海使来着→帰国
862	4	真如法親王ら入唐
863	5	真如法親王の従僧の一部が唐船で帰国
864	6	
865	7	唐商詹景全が来航。唐商李延孝が来航
866	8	唐商張言が来航。唐商詹景全が来航。新羅と組んで対馬を討つ計画が露出する
867	9	
868	10	
869	11	
870	12	
871	13	唐人崔勝を右京の五条一坊に住まわせる
872	14	渤海使入京
873	15	入唐渤海使船が天草に漂着する
874	16	唐商崔発来航。僧某唐船にて入唐
875	17	
876	18	唐商楊清が荒神に着く
877	元慶1	871年に住まわせた崔勝の宅地替。渤海使が来たが放還する。唐商崔鐸らが来航
878	2	日本国使が新羅にいく
879	3	
880	4	
881	5	在唐の僧中瓘が書状をよこす。唐の商船来航
882	6	日本国使新羅へいく。三慧が入唐
883	7	渤海使入京→帰国。唐商栢志貞が来航
884	8	新羅国使漂着
885	仁和1	新羅使が来る。唐商船来航。僧宗睿が入唐
886	2	
887	3	
888	4	
889	寛平1	
890	2	
891	3	
892	4	渤海使来航→帰国
893	5	唐船来航（2〜3回か）
894	6	菅原道真が遣唐大使に任命されるが中止を奏請。渤海使来航
895	7	渤海使帰国
896	8	唐人を入京させる
897	9	
898	昌泰1	
899	2	
900	3	
901	延喜1	
902	2	
903	3	唐人景球らが動物を献上

年	元号	事項	年	元号	事項
904	4		962	2	
905	5		963	3	
906	6		964	康保 1	
907	7	新羅の牒状来る。唐商人が仏典を藤原時平に贈る	965	2	
908	8	渤海使入京→帰国	966	3	
909	9	唐人の孔雀などが入京	967	4	
910	10		968	安和 1	
911	11		969	2	
912	12		970	天禄 1	
913	13	入唐僧智鏡帰国	971	2	
914	14		972	3	高麗国使が来航
915	15		973	天延 1	高麗国使が帰国
916	16		974	2	
917	17		975	3	
918	18		976	貞元 1	
919	19	渤海使来航。唐人来着	977	2	
920	20	渤海使入京。唐僧が漂着する	978	天元 1	
921	21		979	2	
922	22		980	3	唐人が来航する（982年に帰国）
923	延長 1		981	4	
924	2	唐物が京に将来される	982	5	
925	3		983	永観 1	東大寺僧奝然が入唐（便船は呉越客船）
926	4		984	2	高句麗船到着
927	5	興福寺僧寛建が唐商人船で入唐	985	寛和 1	
928	6		986	2	奝然が帰国（便船は仁徳船）
929	7		987	永延 1	宋の商客朱仁聡が来朝
930	8	渤海使（実は契丹人）が来航する→帰国	988	2	宋の周文徳船が帰国。仁徳船が帰国
931	承平 1		989	永祚 1	
932	2		990	正暦 1	唐人船が漂着。周文徳船が来航
933	3		991	2	
934	4		992	3	宋商客揚仁紹が帰国
935	5	唐の呉越人蔣承勲らが来航	993	4	
936	6		994	5	
937	7		995	長徳 1	若狭に宋商朱仁聡が来着
938	天慶 1	唐船来航か	996	2	
939	2		997	3	
940	3	高麗国より牒が届く。呉越へ船がゆくか	998	4	宋商客曽文令が来航か
941	4		999	長保 1	
942	5		1000	2	朱仁聡が大宰府から帰国か。曽令文が再来
943	6		1001	3	
944	7		1002	4	宋の海賈周世昌が来航。日本人をつれて帰国。福州の商客用鉐が来航するも廻却
945	8	呉越人の蔣衮らが3艘の船で来航	1003	5	僧寂照が入宋する
946	9		1004	寛弘 1	
947	天暦 1	呉越人の蔣衮が再来	1005	2	曽文令が来航する
948	2		1006	3	
949	3		1007	4	
950	4		1008	5	
951	5		1009	6	宋商仁旺が来航するが，廻却さる。周世昌来航
952	6		1010	7	
953	7	呉越人蔣丞勲らが来航。帰国時に僧日延らが便乗入唐	1011	8	
954	8		1012	長和 1	周文裔が来航
955	9		1013	2	僧念救が帰国し，道長に面会する
956	10		1014	3	
957	天徳 1	呉越人盛徳言ら来朝。日延帰国	1015	4	周文裔が帰国か。この時の船に道長の書状などを託す
958	2		1016	5	
959	3	呉越人盛徳言再来	1017	寛仁 1	
960	4		1018	2	
961	応和 1		1019	3	刀伊の乱。高句麗使来航。宋の明州から高麗人が来着

年	元号		事項	年	元号		事項
1020		4	唐人船2艘来航	1078		2	日本国の僧仲日が海商孫吉忠の船で入宋
1021	治安	1		1079		3	
1022		2	周文裔が帰国	1080		4	海商孫吉忠が来航か
1023		3		1081	永保	1	宋人黄政が来着するもまた廻却させる。宋人黄政（王端）が来航
1024	万寿	1		1082		2	宋人楊宥が越前に来航か。劉琁が来航するが廻却させる
1025		2		1083		3	
1026		3	宋人周良史が来航。母は日本人という。周文裔ら帰国。別に宋の商客陳文祐も帰国	1084	応徳	1	
1027		4	唐人章二郎の来航（陳文祐も再来）	1085		2	孫吉忠ら来航か
1028	長元	1	周文裔，周良史が来航	1086		3	
1029		2		1087	寛治	1	
1030		3	耽羅人が来航	1088		2	
1031		4		1089		3	
1032		5		1090		4	
1033		6		1091		5	宋船が敦賀に来航
1034		7		1092		6	
1035		8		1093		7	宋船来航か
1036		9		1094	嘉保	1	
1037	長暦	1	宋客慕晏誠が来航	1095		2	宋人柳裕来航
1038		2		1096	永長	1	
1039		3		1097	承徳	1	宋人柳裕が大宰府と高麗を往復。宋牒が来る
1040	長久	1	慕晏誠が帰国か	1098		2	宋船が来航か
1041		2		1099	康和	1	
1042		3		1100		2	
1043		4		1101		3	
1044	寛徳	1	宋商客張守隆が来航	1102		4	宋人の荘厳，李充が来航（1104年帰国）
1045		2	清原守武が宋を往来する	1103		5	
1046	永承	1	宋船の航，廻却を命ずる	1104	長治	1	
1047		2		1105		2	李充が再来する
1048		3	宋船の航，廻却を命ずる	1106	嘉承	1	宋船が越前に来着か
1049		4	僧慶盛入唐	1107		2	
1050		5		1108	天仁	1	宋船来着か
1051		6		1109		2	
1052		7		1110	天永	1	宋人李佚が来航。若狭に唐人揚誦が来航
1053	天喜	1		1111		2	宋人林俊が若狭に来航
1054		2		1112		3	宋船が越前に来着，廻却させる
1055		3		1113	永久	1	
1056		4	日本国使が高麗にゆく	1114		2	
1057		5		1115		3	
1058	康平	1	宋の守道利が大隅に流来	1116		4	宋船来航
1059		2		1117		5	
1060		3	宋商客林養・俊改らが来航	1118	元永	1	宋客陳次明来航，帰国。宋客商孫俊明ら来航
1061		4		1119		2	宋船が若狭に来航
1062		5		1120	保安	1	宋人庄永ら高麗から来航
1063		6		1121		2	宋船来航
1064		7		1122		3	
1065	治暦	1	宋の陳詠が来航	1123		4	
1066		2	宋の王満が来航	1124	天治	1	
1067		3		1125		2	
1068		4	宋の孫吉忠が来航	1126	大治	1	
1069	延久	1	宋人廬範が帰国する。宋商客潘懐清が帰国。宋客人陳詠が帰国	1127		2	
1070		2		1128		3	宋人曽周意が来航
1071		3		1129		4	
1072		4	成尋が宋船にのり入宋する	1130		5	
1073		5	宋船が来航か（成尋の手紙が母に届く）	1131	天承	1	
1074	承保	1		1132	長承	1	
1075		2		1133		2	宋人周新来航
1076		3		1134		3	
1077	承暦	1		1135	保延	1	

年	元号	号	記事
1136		2	
1137		3	
1138		4	
1139		5	
1140		6	
1141	永治	1	
1142	康治	1	
1143		2	南蛮人漂着か
1144	天養	1	
1145	久安	1	
1146		2	
1147		3	宋商客が来航
1148		4	宋船来航か
1149		5	
1150		6	宋商客劉文沖が来航（1151年以後帰国か）
1151	仁平	1	
1152		2	宋船来航か
1153		3	
1154	久寿	1	
1155		2	
1156	保元	1	
1157		2	
1158		3	
1159	平治	1	高麗商人の来着
1160	永暦	1	
1161	応保	1	
1162		2	
1163	長寛	1	
1164		2	
1165	永万	1	
1166	仁安	1	
1167		2	宋船来航か。東大寺僧重源入宋（1168年帰国）
1168		3	僧栄西入宋帰国
1169	嘉応	1	
1170		2	宋人が福原に来着
1171	承安	1	宋覚阿入宋。京中で羊病流行
1172		2	宋船来航か。伊豆に異国人漂着
1173		3	宋船来航か
1174		4	
1175	安元	1	宋船来航か
1176		2	
1177	治承	1	
1178		2	
1179		3	
1180		4	宋船が摂津大輪田泊に来航
1181	養和	1	
1182	寿永	1	宋船来航か
1183		2	
1184	元暦	1	
1185	文治	1	

表 2　平安時代（794〜1185）の輸入品（除書籍・仏典・仏画）

年	国	区分	品目
799		漂着	綿種
805	唐	将来	仏像　　　　　　　　　　　　　　（最澄）
806	唐	〃	裂裟，碧琉璃塊，虎珀供養塊，白琉璃供養塊，紺琉璃箸（空海）
807	唐	遣唐使	紙，綾，綿，香薬
816	唐		開元通宝
818	新羅	新羅人	驢
820	新羅	新羅人	羖䍽羊，白羊，山羊，鵞
824	〃？	漂着	新羅琴，手韓鉏，剗碓
824	渤海	信物	契丹大狗，矮子
825	唐	表物	舎利一万粒　　　　　　　　　　　（霊仙）
833	新羅	購入	銅塊，畳子　　　　　　　　　　　（恵運）
838	唐	贈品	紫壇と紫籐の琴琶
839	唐	遣唐使	要薬
839	唐	〃	仏像　　　　　　　　　　　　　　（常暁）
839	唐	〃	仏舎利　　　　　　　　　　　　　（円行）
840	唐	〃	五尺鉾，片蓋鞘摺佩剣カ，箭（南海での戦利品）
840	新羅	方物	馬鞍
841	唐	購入	唐物貨物
847	唐	将来	金銅小仏像ほか仏像類15体，金剛杵など仏器22点，ペルシャ瑠璃瓶子（含仏舎利），浴仏舎利塔，石塔，念珠，緑幡など10点，金銅香炉1
			白銅浄瓶2口，白銅三脚瓶子1口，白銅沙羅9口，白銅盞盂8口，白銅酢杓子1柄，白銅鏡1具，養和槌1支，樫木経台1基，笠1蓋，漆泥椅子11台，白藤箱1口
			大唐研鉢3口，大唐瓷瓶14口
			白瓷茶瓶子1口，白茶碗1口，茶埦61口
			鉄釜2口，鉄鈷母子4口，鉄整2面，鉄臼1口，鉄竈1脚，甕3口，熟銅懸1口
	新羅	？	白銅畳子130口，白銅五盛埦8畳，白銅𤭯伽盞10口，白銅打成鍍香盤8口，白銅丸匙10柄
872	渤海	信物	大虫皮7張，豹皮6張，熊皮7張，蜜5斛
872	渤海	貢物	貂裘，麝香，暗摸靴
872	唐	購入	香薬
貞観		贈物	天台南山角子茶，生黄角子茶（常雅から円仁へ）
877	渤海	信物	珍𤭮，玳瑁（受領せず）
883	唐	？	唐白瓷湯埦2口，唐倚子1基，唐鎰4柄（以前に輸入されたもの）
894	新羅	戦利品	縫物1具，甲冑1具，貫革袴1具，銀作太刀1具，纏弓革1具，胡籙1具，充夾1具，保呂1具，大刀50柄，杵1,000基，弓110張，胡籙110，房楯312枚
			船11艘
903	唐	贈品	竹縄床（以前に受領）
903	唐	献上	羊1頭，白鵞5角
909	唐	献上	孔雀
920	渤海	贈品	帯裘
931	唐	？	唐破合仏殿6基，唐白銅髪刀1枚，唐白木鉢2口
			唐紬惣衣など織物類7件
	渤海		渤海金銅香鑪1具
	新羅		新羅鶏頭瓶1口
			青茶埦提瓶1口，白茶埦蓮華形壺1口，白茶埦小壺2口，青茶埦硯1口，青茶埦3口，青茶埦3口，青茶埦水瓶2口，同吸瓶1口，白茶埦睡壺1口
			白瑠璃壺1口，紺瑠璃小壺1口，瑠璃香鑪1具（以上は宇多上皇の御物）
934	唐	献上	唐馬
935	唐	献上	羊
938	唐	献上	羊
950	唐カ		飯埦1口，蓋什水埦1口，甕埦4口（天皇から親王へ下賜）
951	唐		秘色
	唐	献上	孔雀
952	新羅	施入	花瓶，火舎，閼伽，錫杖，大鈴，大磬，大鏡
			梅檀香，沈香，蘇合，麝香
			金簾，銀花，水玉，火玉
			瑠璃，馬瑙鉢，真珠瓔珞
			燈爐，車渠盌

年	王朝	種別	品目
			豹皮，虎皮，象牙，犀角，孔雀尾，螺貝，龍鬚，羊毛莚，獅子頭，七穴石，三枝竹，二寸丁字，一寸米，土用桶（新羅皇后から長谷寺へ）
953	唐		錦綺珍貨
957	唐	将来	宝篋印塔，書籍など （日延）
979	高	貸物	馬
985	宋	賜与	絹帛，経典など （太宗から奝然に）
986	宋	製作	仏像（体内に沢数の納入品あり，奝然将来）
990	高?	施入	仏像，黄鐘，金鼓，閼伽器，鈴杵白15木
996	唐	献上	鵝，鸚鵡，羊
1006	唐	献上	蘇木，茶埦 （宋商から道長へ）
1012	唐	献上	瑠璃燈籠，丁子，蘇芳
	唐	献上	仏像
1013	唐	進上	錦8疋，綾23疋
			丁字100両，麝香5斉，甘松3斤，紺青100両 （天皇より道長に）
	宋	献上	雄黄，甘松香，荒爵金，金青（大宰より実資に）
	宋	献上	舎利壺など （念救が道長に）
	宋	献上	甘松，荒爵金，金青（平明範から実資へ）
	宋	将来	団扇，笛竹など （念救から実資に）
1014	宋	交易	治眼薬
			大瑠璃壺
1015	宋	進上	鸚，孔雀 （大宰大監から）
	宋	進上	唐皮の皮籠（内に香類など）（大宰権帥から道長へ）
			同じく，蘇芳台，唐錦，綾，檳榔
1021	宋	施入	紺瑠璃唾壺（前左衛門尉から東大寺へ，正倉院に現存）
1023	宋	贈品	蘇芳 （筑前高田牧から実資へ）
			綾，檳榔，青瑠璃瓶，茶埦壺（高田牧司から実資へ）
1026	宋	献上	桑糸，錦，綾，香薬 （宋客から頼通へ）
1027	宋	献上	綾，錦，紅雪，金青（宋人から道長へ）
1028	宋	献上	錦3種類，麝香，丁香，沈香など3種類，石金青，光明朱砂，色色餞紙，絲靴（宋商客から実資へ）
1029		献上	絹，蘇芳，小女志粉紙，茶塊，硯，その他（九州の3地方官から実資へ）
		献上	色革，小手革，檳榔（大隅の住人から実資へ）
1066	宋	献上	鸚鵡，霊薬 （宋商客から）
1070	宋	〃	仏像 （商客から）
1077	宋	〃	羊 （ 〃 ）
1079	高	信物	錦，綾，麝香
1080	宋	〃	籠子
1082	宋	進上	鸚鵡 （宋商客から）
1083	宋	施入	仏跡の石，土，葦など（入宋僧から引張寺へ）
1088	宋	献上	豹，竹
1091	宋	〃	紙 （為房から内裏へ）
1092	契	将来	銀宝貨，金，銀
1094			瓵物
1105	宋	交易	象眼，生絹，白綾
			瓷埦200，瓷塚100
1147	宋	交易	孔雀，鸚鵡
	宋	献上	
1150	宋		新甘竹笛
1159			仏舎利ほか
1171	宋	献上	羊，麝 （清盛から後白河法皇へ）
1180	宋	交易	蕁
1185	宋	進上	錦，羅，南延
			墨，唐，筵茶道具（参河守から法皇，頼朝に）

上卿もそれと同様に得ていたことは確実であろう）。

　研究の進んでいる陶磁器以外にも多くのものが平安京とその広い関連遺跡で出土している。一例をあげると，山岳信仰の中心地大峯山頂では，紺色ガラスを葺いた舎利または経筒外容器や宋代のガラス小壺が6点も出土している。前者は931年に仁和寺に施入された「唐破合仏殿」をほうふつさせるものである。宋代のガラス小壺は中国での出土例も多い。

　平安京時代は前・後半を通じて，中国文化に憧憬していた時代であった。いわゆる国風文化の時代はそれ以前よりもさらに「唐物」を得る機会が増し，その範囲も広くなっていたのである。唐宋文化をぬきに平安京は理解しがたい[9]。

　註
1) 古瀬奈津子「政務と儀式」『古代を考える　平安の都』1991には，「天皇を中心とした新たな秩序」p.152として表現されている。
2) 佐藤武敏『長安』1960
3) 勤政楼を2号宮殿とする新論がある。
4) 村田治郎，梅原郁，木田智男などの邦人の研究と『中国都市発達史』『中国邸宅史』などの中国人学者の研究がある。
5) 奈良国立文化財研究所『宮跡庭園』1980
6) 220窟（貞観16年）が最も古く，およそ80窟に描かれている。
7) 段文傑「創新以代確一敦煌石窟初唐壁画概説」『中国壁画全集』5，p.13，1989
8) 新校群書類従136巻にある。川口久雄訳注『新猿楽記』（東洋文庫）が正確である。
9) 中日の交易については次の書物を参考とした。
　木富泰彦『日華文化交流史』1955，中国語訳本は『中日文化交流史』
　森　克巳『増補日宋文化交流の諸問題』1975など一連の著作
　亀井明徳『日本貿易陶磁史の研究』1986
　田島　公『日本・中国・朝鮮対外交流史年表』1993，橿原考古学研究所編『貿易陶磁』1993

〔追記〕
○表1は空らん年がいかに少ないかということを示すために編集者に無理を言って入れていただいた。
○茶埦の使用したことの記述は多いが表記していない。
○表1，表2は田島公氏に負うところが大きい。

平安京遺跡案内

■ 前川 佳代
古代学研究所嘱託

羅城門跡（南区唐橋羅城門町）

朱雀大路と九条大路の交差点の南辺に造営された平安京の正門。正面七間，奥行き二間の豪壮な二重楼閣で，両翼には築地塀が張り出していた。980（天元三）年の大風で倒壊していた後は再建されなかった。羅城門の正確な遺構は検出されておらず，九条千本西入ルの小さな児童公園に「羅城門遺址」の石碑が建つのみである。異国の風貌を持つ東寺所蔵の兜跋毘沙門天は王城守護として羅城門に安置されていたという。

羅城門跡

東寺（南区九条町）

またの名を教王護国寺。823（弘仁十四）年，空海に下賜されて以後真言密教の根本道場となった。京都のシンボルである五重塔は高さ54.84m。1644（正保元）年の再建である。1977年から三年間の調査で南大門と金堂の間に中門があり，金堂や講堂をとりまいて僧房や回廊が存在したことが明らかとなった。現在の建物のほとんどが後の再建であるが，その配置はおおよそ平安時代のものを踏襲しており，境内には創建時の礎石も散在している。弘法大師の命日である毎月21日には，「弘法さん」と呼ばれる縁日で賑わう。

西寺跡（南区唐橋西寺町）

朱雀大路をはさんで東寺と左右対称の位置にあった官寺。平安京にはこの西寺と前述の東寺しか寺院の造営は許されなかった。西寺は守敏に下賜されたが，1233（天福元）年に焼失して以後再建されることはなかった。その位置は唐橋小学校と北側の唐橋西寺公園にあたり，講堂跡に「史跡西寺跡」の石碑と金堂出土の大きな礎石が残る。1959年からの調査で中門や南大門などを検出し，塔は東寺と対称に西南隅にあったと推測される。国史跡である。

西寺跡

平安宮跡

羅城門をくぐり東寺と西寺を左右に見て朱雀大路を北へ上がると平安宮の正門・朱雀門にあたる。現千本通りが朱雀大路を踏襲しているが，途中JRの操車場に阻まれ直進できない。そこから分岐する山陰本線がほぼ千本通りを平行に走り宮に向かう。JR二条駅から約300m北進すると宮城に達し，千本丸太町付近が大極殿跡である。現在宮域は民家が密集しており宮の面影はないが，断片的に調査が行なわれ，遺構が確認されている。

平安宮大極殿跡（中京区千本丸太町）

朝堂院の正殿である大極殿跡は，今まで千本丸太町の交差点西北角から東北角の範囲と推定されていた。最近その交差点の少し北で道路工事中に基壇跡が確認され，位置がほぼ明確となった。なお「大極殿遺阯」の石碑

東寺

78

大極殿跡

は，これより西北の内野児童公園に建つ。

平安宮朝堂院跡（中京区千本丸太町）

朝堂院の諸堂は，今までに延禄堂・修式堂・承光堂・明礼堂・暉章堂の基壇，朝堂院東北隅の溝などが検出されている。千本丸太町の西北，あさひ銀行千本支店には「平安宮朝堂院跡」の石碑が建てられ，ロビーには出土遺物が展示されている。

朝堂院跡

平安宮内裏内郭回廊跡（上京区下立売通り千本東入ル田中町）

内裏は言うまでもなく天皇の居所である。その内裏の内側を囲む回廊の基壇跡が長さ27mにわたって確認されている。基壇の幅は10.5m，地覆石列とその上の羽目石の一部が残存していた。出土遺物から，1157（保元二）年に信西入道藤原通憲によって再建された平安後期の内裏跡と考えられる。1979年，平安宮内で初めて国の史跡に指定された。なお最近この北側で，地覆石列と雨落溝などが良好に検出されている。

内裏内郭回廊跡

平安宮内裏承明門跡（上京区下立売通り千本東入ル田中町）

内郭回廊の正門である承明門の基壇跡，石組みの雨落溝，地鎮遺構などが検出されている。地鎮遺構は，輪宝と橛・土器・ガラス玉などを納めた土坑で，1071（延久三）年の安鎮修法の儀式跡と推定されている。

平安宮豊楽院豊楽殿跡（中京区聚楽廻西町）

豊楽院は，平安京で内裏と朝堂院に並ぶ重要施設であり，外国使節の謁見などを行なう公式の宴会場であった。1987年，その正殿である豊楽殿の北西部が明らかとなった。版築された壇上積基壇の一部や凝灰岩の階段の取り付け部などが極めて良好に検出されたのである。また鳳凰の文様がある緑釉の鴟尾や鬼瓦などが出土し，当時の華麗な姿を彷彿とさせた。当地は保存が決定し，宮内二つめの国史跡となった。

豊楽院跡

神泉苑（中京区御池大宮）

平安宮の南に，南北四町東西二町にわたり自然景観とみまごうばかりの苑池が広がっていた。平安宮の禁苑，

神泉苑

神泉苑である。平安京はその地理的条件から地下水に恵まれ，おのずから苑池を形成する条件を備えていた。桓武天皇は新京造営と時を同じくして神泉苑の経営を計画し，800（延暦十九）年には初めて行幸されている。苑内には大池と中島，乾臨閣(けんりんかく)や釣殿，滝殿などがあり，風光明媚なこの苑池には文人もしばしば宴遊したらしく，その様子は漢詩集に収められている。栄華を極めたこの禁苑も，後には祈雨・止雨の道場として霊域化し，市民に開放されると御霊会や疫神祭の祭祀場となっていった。1990年，地下鉄東西線の事前調査で，池の汀線や船着場の遺構が検出され，また「神泉苑」とヘラ書きされた瓦などが出土した。後世に二条城によって大きく削平され，今はわずかに御池通りに面して小さな池と中島が残るのみである。

　嵯峨院（右京区嵯峨大沢）
　嵯峨天皇が北嵯峨に造営した離宮。876（貞観十八）年に嵯峨院を帰捨したのが右京区にある大覚寺である。側に水を湛える大沢池は嵯峨院の池泉跡であり，池の北側には「滝の音は絶えて久しくなりぬれど名こそ流れてなほ聞こえけれ」と詠われた「名古曽(なこそ)滝」跡がある。1984年以降，滝跡周辺の発掘調査が行なわれ，滝の石組みとそこから流れる遣水が池へそそぐ様子が明らかとなった。最近復元整備され公開中である。

　高陽院（中京区堀川丸太町）
　堀川丸太町東には，関白藤原頼通の邸宅跡である高陽院があった。発掘調査により，寝殿造りに伴うとみられる池と洲浜を検出している。池は四回の改修を受けていた。

　堀河院（中京区堀川御池上ル）
　二条城の向かい，堀川通りに面する京都国際ホテルや全日空ホテル付近は，円融天皇や堀河天皇の里内裏となった堀河院跡であった。発掘調査で12世紀代の庭園跡が検出されており，庭園の景石は日本海沿岸から運ばれてきたものという。現在，全日空ホテルの駐車場の一角に移築されている。

六角堂

　六角堂（中京区六角東洞院西堂之前町）
　正しくは頂法寺(ちょうほうじ)といい，本堂が六角形であることから俗に六角堂という。当時の縁起には，平安京遷都以前，聖徳太子の開創と伝える。文献史料では平安中期にはその存在が確認でき，京内において官寺である東寺・西寺以外に初めて建立された寺院ということになる。境内が位置する左京四条三坊十六町の発掘調査は数件行なわれているが，寺域や創建年代については未だ不明である。

　白河殿（左京区岡崎）
　平安神宮や京都市動物園のある左京区岡崎は，院政期に天皇の御願寺である六勝寺や院御所が建ち並ぶ一大街区を形成していた。もとより鴨川を東に越えた白河は，貴族の別荘が建てられ，また逢坂の関を越えて京内に入る東の玄関口であった。現在の京都市動物園辺りは八角九重塔が聳える白河天皇の法勝寺，京都会館敷地は堀河天皇の尊勝寺，岡崎グランドは鳥羽天皇の最勝寺跡である。

　鳥羽殿（伏見区鳥羽）
　白河が京都の東の玄関口なら鳥羽は南の玄関口にあたる。洛南鳥羽は鴨川と桂川の合流点で，平安京に物資を運ぶ湊が設置されており，京内とは朱雀大路を南に延長した鳥羽の造り路によって結ばれていた。1960年以来の発掘調査によって，北殿・南殿・馬場殿・田中殿・東殿・泉殿・中島からなる鳥羽殿の全容が明らかになった。しかし発掘と破壊は表裏一体である。かつて「都遷りの如し」（『扶桑略記』）といわれた鳥羽殿も現在はわずかに南殿とその築山が鳥羽離宮公園と秋の山として残り，城南宮が馬場殿にあたり，東殿・泉殿が安楽寿院として残るのみとなっている。

　鳥羽殿には三つの天皇陵が存在する。安楽寿院の南の多宝塔が近衛天皇陵，西の法華堂が鳥羽天皇陵，新油小路通りをはさんで西側の森が白河天皇陵である。このう

鳥羽殿・近衛天皇陵

如意寺楼門の滝付近

ち白河天皇陵は，一辺 56m の方形で周囲に幅 8.5m の濠をめぐらし，濠の内側壁に幅 1m 程の大石を積み上げて護岸を行なっていたことが周辺の発掘調査により判明した。

法住寺殿（東山区東山七条）

　京都国立博物館と三十三間堂周辺の東山七条には後白河法皇が造営した院の御所・法住寺殿があった。国立博物館は北殿にあたり，その南が南殿，三十三間堂は蓮華王院と呼ばれた後白河法皇の御堂であり，さらにその南には広大な池と建春門院が建立した最勝光院が存在した。東大路通り沿いにある新熊野社と新日吉社は法住寺殿の鎮守社である。1978年，京都パークホテル建設に伴う発掘調査で，12世紀～13世紀初の甲冑を埋納した土坑が検出された。鎧は五領でいずれも裏返して広げて並べ，兜の鍬形は金象嵌で雲龍文を描いてあった。出土位置が院の御所であることと，甲冑からみて院と近い関係にあった武将の墓と推定されている。

如意寺灰山庭園遺跡（比叡山を借景に望む）

如意寺跡（左京区如意ヶ嶽）

　如意ヶ嶽―通称大文字山の山頂付近に存在した園城寺（三井寺）の別院。標高約 400m の山岳寺院である。その様子は「園城寺境内古図」の如意寺絵図に描かれるとおり，西は『平家物語』に有名な鹿ヶ谷から楼門の滝を経て宝厳院跡，大慈院跡，少し南に西方院跡，深禅院跡，本堂跡と点々と堂跡がある。頂上の京都と滋賀の府県境には灰山庭園遺跡があり，それを越えると麓は園城寺である。創建は10世紀半ばと考えられ，現在継続中の確認調査でも，同時期の遺物が出土している。また各堂跡の時期や，造成の様子が明らかとなりつつある。ここは近江と京を結ぶ「如意越え」が通っており，保元の乱で敗れた崇徳上皇は如意山へ逃れられたといい，また治承・寿永の乱の口火を切った以仁王もここを通って園城寺に入ったと考えられる。『保元物語』によると，如意山へ逃れられた崇徳上皇が水を所望されたので，従者は通り

法住寺殿・三十三間堂

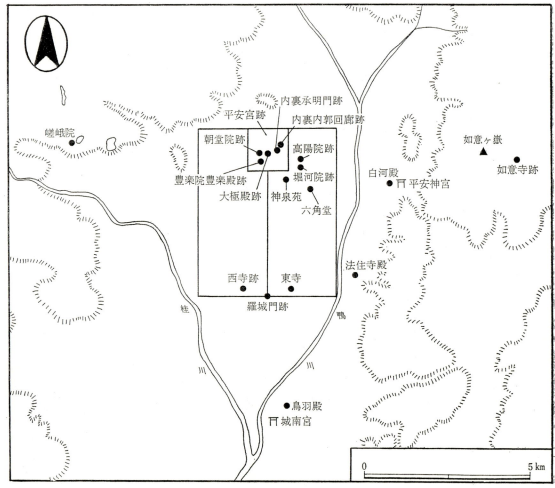

平安京遺跡地図

がかった水瓶を持った法師に水を乞い請けたという。この法師とは如意寺の僧であったに違いあるまい。

【交通案内】

羅城門跡 市バス羅城門前下車。東寺から西へ徒歩5分

東寺 近畿日本鉄道東寺駅下車,西へ徒歩5分。市バス東寺南門前下車

西寺跡 JR 西大路駅下車,東へ徒歩10分

平安宮跡 JR 二条駅下車,北へ徒歩10分

平安宮大極殿跡・朝堂院跡 市バス千本丸太町下車,西北角

平安宮内裏内郭回廊跡 市バス千本丸太町,あるいは千本出水下車,下立売通りを東へ徒歩2分

平安宮承明門跡 市バス千本丸太町,あるいは千本出水下車,下立売通りを東へ徒歩1分

平安宮豊楽殿跡 市バス千本丸太町下車,旧丸太町通りを西へ徒歩3分

神泉苑 JR 二条駅下車,御池通りを東へ徒歩10分。市バス神泉苑前下車

嵯峨院 市バス大覚寺下車。JR 嵯峨駅下車,北へ徒歩15分

高陽院 市バス堀川丸太町下車,東北角

堀河院 市バス二条城前下車

六角堂 地下鉄御池駅下車,南東方向徒歩1分

白河殿 市バス岡崎公園下車。京阪電鉄東山三条駅下車,北へ徒歩5分

鳥羽殿 近畿日本鉄道・地下鉄竹田駅下車,近衛天皇陵まで南西方向徒歩10分。市バス城南宮下車,鳥羽離宮公園は城南宮の西5分

法住寺殿 市バス博物館三十三間堂前下車。京阪電鉄七条駅下車,東へ徒歩10分

如意寺跡 市バス銀閣寺前下車,銀閣寺裏手の大文字登山口より入る。市バス上宮ノ前町下車,東へ入り霊鑑寺の裏から楼門の滝まで山道を30分

平安京関係考古学文献案内 ■寺升初代
古代学研究所嘱託

平安京研究は江戸時代の中頃に案内記や地誌の刊行に伴い，史蹟や陵墓の踏査から出発した。なかでも黒川道祐の著作『擁州府志』（『増補京都叢書』三所収，京都，同刊行会，昭和９年）は，当時では最高水準のものといえよう。これらの国学研究は復古主義を背景にひろがり，幕末の思想に繋がってゆく。なかでも，御所再建のために世の知るところとなった裏松固禅の『大内裏図考証』（『増訂故実叢書』所収，東京，吉川弘文館・明治図書出版，昭和27年）は，今日でもその学問的価値を失ってはいない。主に文献史料を中心としたこれらの研究以外にも，遺物学ともいうべき研究がある。専ら遺物の採集によるものであるが，代表的なものとしては藤原貞幹の『古瓦譜』があげられる（東京大学・京都大学・内閣文庫などが所蔵）。

明治時代にはいっても，復古主義が展開しており，明治初期には都城に関する研究が多数排出された。八木隆糺の「宮室沿革考」（『学芸志林』第87・89冊掲載，東京，明治17年）・木子清敬の「本朝大内裏の制」（『建築雑誌』第48号掲載，東京，明治23年）や久米邦武の「平安遷都の来歴」（『史海』14掲載，東京，明治25年）などである。こうした社会情勢のなかで醸成されたのが「古都千百年」という意識であった。

明治27年にこれを記念して遷都千百年記念祭が開催され，この事業の一環として湯本文彦によって編纂された『平安通志』（京都，京都市参事会，明治28年）は，後の平安京研究の指標となった。『平安通志』は全60巻20冊に及ぶ大著であり，平安京全実測図をふくめて極めて水準の高いものであり，高度な学問的成果をもたらした。

その後明治後半から大正および昭和の初期にかけて平安京はさまざまな角度から研究されるようになる。これらのなかで，平安京研究のみならず宮都研究一般において業績をあげ，後世の研究の基礎を築いたのは喜田貞吉であった。「本邦都城の制」（『歴史地理』第17巻第１・２・５・６号，第18巻第２・４・５・６号掲載，東京，明治44年；後再録『岩波講座日本歴史』，東京，岩波書店，昭和９年）や『帝都』（歴史講座第１編，東京，日本学術普及会，大正４年）などの論攷で喜田は平安京を中国都城との関係において比較研究し，平安京の展開を歴史の流れのなかで把握しようとした。

経済史的観点からの研究としては，柴謙太郎の「平安京の市に関する一考察」（『歴史地理』第48巻第１〜３号掲載，東京，大正15年）や坂本教の「平安京及江戸の人口に就て」（『柳沢統計研究所季報』24号掲載，東京，昭和３年）などがあげられる。これらは，平安京全体の経済構造の分析にまではいたっていないが，注目すべき論攷といえよう。また地理学的な観点からの考察では，藤田元春の「平安京の地理的考察」（『史迹と美術』第４号掲載，京都，昭和６年）などがあげられる。建築学的観点からの研究も伊藤忠太の「平安京，大内裡及内裡の建築」（『科学知識』第８巻第11号掲載，東京，昭和３年；後再録，『建築と社会』第12輯１号掲載，大阪，昭和４年）や前田松韻・藤岡通夫の「平安京復元土代」（『建築雑誌』第598号掲載，東京，昭和10年）などがあるが，発掘調査成果のほとんどなかった当時においては，無理のある復元であった。

これらの都城研究とはべつに，考古学的な角度からの研究に目が向けられるようになった。すなわち遺物や遺跡を分析することによって歴史学的に論証するというものである。明治27年に発刊された『考古界』は「研究の主要な材料は遺物と遺跡」であると主張しており，考古学分野としての研究に先鞭をつけた。これらの主張に基づき平安京に関連する考古学的研究は，遺物の採集を契機にしたものが先行して明治時代後半から開始された。河村松太郎の「平安大内裏舊址の古瓦」（『考古界』第２篇第９号掲載，東京，明治36年）や岩井武俊の「平安京大極殿碧瓦の布目に就きて」（『考古界』第６篇第10号掲載，東京，明治41年）などがそれである。これらの論攷は骨董的な古物を対象とするのではなく，遺跡に伴う遺物を対象として研究されている点で考古学研究の先駆けといえよう。

大正年間にはいり，梅原末治・西田直二郎を中心として京都府による『京都府史蹟勝地調査会報告』（第１〜８冊，京都，大正８年〜昭和２年）が次々に刊行された。のちに『京都府史蹟名勝天然紀念物調査報告』（第９〜19冊，京都，昭和３〜14年）と改題されて刊行されたこの調査報告書は，京都府内に点在するさまざまな寺院跡や陵墓跡・経塚跡・瓦窯跡などを対象に踏査や測量を実施し，発掘調査の草分といえるものであった。平安京跡では，昭和２年に淳和院跡が西田直二郎によって発掘調査された（『京都府史蹟勝地調査会報告』第８冊所収；後再録『京都史跡の研究』東京，吉川弘文館，昭和36年）。これは平安京跡最初の発掘調査であり，瓦などの遺物とともに遺構が検出されたのである。また昭和３年には，丸太町通の市電路線の布設工事に伴い，佐藤虎雄によって発掘調査が実施され，その結果豊楽院の基壇の一部が発見された（『古代学』第６巻第４号掲載，大

83

阪，昭和33年）。これらの成果は平安京の考古学史として，特筆すべきものであろう。また木村捷三郎は幡枝地域を踏査し，平安京の殿舎を飾った瓦類の官営工房であった栗栖野瓦窯跡であることを論証した（「山城幡枝発見の瓦窯址―延喜式に見えたる栗栖野瓦屋」『史林』第15巻第4号掲載，京都，昭和5年）。木村の発見を契機として西田・梅原により昭和5・6年にかけて発掘調査が実施され（「栗栖野瓦窯址調査報告」『京都府史蹟名勝天然紀念物調査報告』第15冊，京都，昭和9年），栗栖野瓦窯跡は昭和9年に国史跡の指定を受けた。このように昭和初期に精力的に成果をあげた平安京の考古学的研究は，迫りくる戦争の足音とともに休業を余儀なくされる。第二次世界大戦中文化財活動全般が衰退し，考古学的調査と研究は戦後を待つことになる。

戦後にはいり平安京研究で最も注目すべきことは，昭和26年に角田文衞を中心として古代学協会が結成されたことであろう。同協会は学術雑誌『古代学』を発刊し，平安京研究を主目標のひとつとして出発した。その後『古代学』の意志は雑誌『古代文化』に引き継がれ，今日に至っている。同協会は戦後はじめて勧学院跡の発掘調査を実施し（「勧学院址の発掘調査」『古代文化』第1巻第5号，京都，昭和32年），その後も次々と平安宮・京域内の主要な遺跡を精力的に調査していった。中でも昭和51年に実施された内裏内郭回廊跡の調査では，凝灰岩の壇上積基壇が南北方向に30mも検出され，築地回廊の跡であることが明らかとなった（「内裏内郭回廊第二次調査」『平安博物館研究紀要』第6輯，京都，古代学協会，昭和51年）。これらの遺跡は平安京内で最初の国指定史跡として認定されることになったのである。

このように平安京域内の発掘調査は昭和50年ごろまでは古代学協会が中心となって推進されてきたが，一方京郊外の白河や鳥羽地域では，杉山信三などを中心として院政の拠点であった六勝寺跡や鳥羽離宮跡が発掘調査され，貴重な考古学的成果をあげている。昭和34年には京都会館建設工事にともない尊勝寺跡の発掘調査が実施され，金堂に取り附く回廊跡や東塔跡などを発見している（「尊勝寺跡発掘調査報告」『奈良国立文化財研究所学報』第10冊，奈良，昭和36年）。また昭和35・36年に名神高速道路建設に伴う発掘調査で，3棟分の建物跡を検出し，田中殿に造営された寝殿であることが検証された。その後も白河・鳥羽地域は開発の進攻にともない，六勝寺研究会や鳥羽離宮跡調査研究所などの研究団体によって次々と調査がすすめられた（後に，「院の御所と御堂―院家建築の研究」『奈良国立文化財研究所学報』第11冊，奈良，昭和37年；後再録『院家建築の研究』東京，吉川弘文館，昭和56年にまとめて発表された）。

これらの発掘調査の推進とは裏腹に行政的な対応の立ち後れていた京都市も，文化財保護課が誕生し埋蔵文化財に関する行政指導が徹底されるようになる。昭和49年から地下鉄烏丸線建設工事に伴う発掘調査が断続的に実施された（『京都市高速鉄道烏丸線内遺跡調査年報』Ⅰ～Ⅲ，京都，同遺跡調査会，昭和55～57年）。これは平安京跡を北辺の一条大路から南辺の九条大路まで一括に縦断した調査であり，平安京跡の調査としては画期的なものといえよう。この調査では，平安京の東西方向の大路・小路を多数検出することができた。

都市開発が進むにつれて，京都市の文化財行政は増大する開発事業に対応するために，昭和51年に六勝寺研究会・鳥羽離宮跡調査研究所・平安京調査会などの調査団体と京都市が一体となり，京都市埋蔵文化財研究所が設立された。同研究所はこれ以後の平安京の発掘調査研究の主体となって調査を推進してゆくことになる。これらの行政的な動きのなかで，古代学協会は学術調査を主体として独自に平安京研究に取り組み，昭和52年に『平安京古瓦図録』（東京，雄山閣出版，昭和52年）を刊行した。同書は軒瓦の編年試案や瓦の生産体制など，平安京の様相と歴史を瓦研究をとおして分析した注目すべき著作である。

昭和54年には，京都市によって国土座標系による基準点が設置された。これによって，個々に調査されていたさまざまな調査成果を座標上で繋ぐことを可能にした。それまで小さな点に過ぎなかった個々の調査が線で結べるようになったことは，何よりの大きな成果といえる。

さらに京都市埋蔵文化財研究所によって，その後夥しい発掘調査が実施され，さまざまな遺構が確認されてきた。平安宮域では，内裏・朝堂院・豊楽院をはじめ，中務省・太政官・民部省などの重要施設の外郭がほぼ復元できるまでに至り，文献研究だけではわからなかったことが明らかになってきた。平安京域でも右京域では一町単位の貴族の邸宅跡が検出され話題を呼んだ（『埋蔵文化財発掘調査概要』1980-3所収，京都，京都府教育委員会，昭和55年，「平安京右京六条一坊」『京都市埋蔵文化財調査報告』第11冊，京都，京都市埋蔵文化財研究所，平成4年）。慶滋保胤『池亭記』の記事から平安中期以後右京は衰退したと理解されてきたが，この通説を覆すような事例が発見され，中規模以下の邸宅が各所に点在していたことが実証された。

これらの発掘調査報告については，京都市文化観光局によって，『京都市内遺跡試掘立会調査概報』（京都，昭和54年より）・『平安京跡発掘調査概報』（京都，昭和53年より），が，京都市埋蔵文化財研究所によって『鳥羽離宮跡発掘調査概要』（京都，昭和52年より）・『京都市埋蔵文化財調査概要』（京都，昭和56年より）などが年度ごとに刊行されている。

84

大多重環濠集落が発見された
長崎県原の辻遺跡

原の辻遺跡は玄界灘に浮かぶ壱岐島の南東部に位置し、壱岐郡芦辺町、石田町に所在する旧石器時代から近世に至る複合遺跡で、主に弥生時代前期から終末期にかけての大規模な多重環濠集落跡である。環濠の規模は南北約 850 m、東西約 350 m の平面楕円形状を呈し、面積は約 25 ha である。「魏志倭人伝」に記載された「一支国」の中心集落と考えられている。

構　成／副島和明
写真提供／長崎県教育委員会・石田町教育委員会・芦辺町教育委員会

空から見た原の辻遺跡

遺跡東側の環濠および道路状遺構

道路状遺構

石敷遺構，内濠，中濠検出状況

長崎県原の辻遺跡

内濠内側の柱穴群

内濠と遺物出土状況

内濠の遺物出土状況

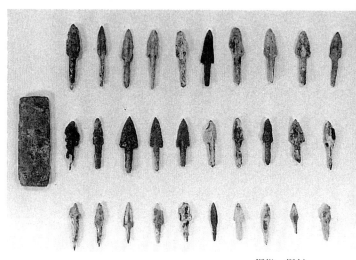

銅鏃，銅剣

木製「楯」

平安～近世の変遷を追う
京都市六角堂境内地

平安京左京四条三坊十六町・六角堂境内地の調査では，平安時代前期や奈良時代の遺物が若干出土したものの遺構は確認できなかったが，平安時代後期の井戸や四行八門の推定ラインに沿った溝や柱穴が検出された。しかもそれが中世以降どのように踏襲・利用されていったかが明らかとなった。また宝永年間（1705年ごろ）発行の「花洛細見図」に見られる太子堂の跡を検出しており，近世の六角堂の境内地の様子を明らかにすることができた。

構　成／前川佳代
写真提供／㈶古代学協会

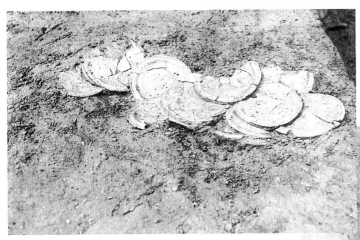

六角堂境内地の発掘

平安時代後期の井戸
（木枠が二重に設けられている）

14枚重なって出土した皿
（平安時代後期の地鎮に伴うものか）

平安時代後期の瓦
（九州産である）

京都市六角堂境内地

四行八門に沿った南北溝（柱穴を伴うので塀跡と思われる。左側は路面であろう。年代は中世と考えられ、平安時代の区画割が以降も踏襲される様子が伺える）

化仏（懸仏か）
（六角堂の本尊を模した如意輪観音像）

独鈷杵

「花洛細見図」（宝永年間発行）にみえる太子堂跡と考えられる遺構
（上：手前が太子堂
　下：真中の2つの石は橋脚の礎石で、突出部から太子堂に橋がかかる。
　　　周囲は満々と水をたたえていた）

● 最近の発掘から

大規模な多重環濠集落 ——長崎県原の辻遺跡

副島和明・山下英明 長崎県教育委員会・松永泰彦 芦辺町教育委員会

　原の辻遺跡は，長崎県壱岐郡石田町，芦辺町に所在し，幡鉾川流域に形成された深江田原に舌状に突出した丘陵上（標高約 8〜17m）および周囲の現水田面（標高約 5〜6m）を含む約 80ha の範囲に分布する旧石器時代〜中世に至る複合遺跡である。

　平成5年度の発掘調査は，県営幡鉾川流域総合整備事業に伴うもので，芦辺町，石田町教育委員会が県教育委員会の調査指導で平成5年4月〜平成6年3月まで，約5,000m² について実施したものである。

　調査の結果，弥生前期〜終末期にかけての大規模な多重環濠集落跡であることが明らかになった。また，「魏志倭人伝」に記載された「一支国」の中心集落が本遺跡と考えられる。

　現在，整理作業中であり詳細については報告書の刊行を待ちたい。

1　検出された弥生時代の遺構

　平成5年度までに明らかになった遺構は，多重環濠，溝状遺構，通路状遺構，石敷遺構，竪穴式住居跡，墓域，貯蔵穴群，貝塚などの一部分である。

　濠　低地に構築された環濠と丘陵上に構築された濠が確認されている。

　深江田原に南北に舌状に突き出した丘陵東側の低地の調査で，丘陵裾部を帯状に巡る3条のV字溝が検出された。

　V字溝は，幅約 2〜4m，深さ約 1〜3m で，過去の圃場整備事業で，濠の上端部分の一部が掘削を受けているため，検出時よりも規模が大きいことと推測される。また，丘陵西側の低地の範囲確認調査を実施し，同様な濠が巡ることが確認された。

　濠の北端は，平成3年度の範囲確認調査で，丘陵先端部から約 200m 北側でV字溝が検出され，濠の南端は，県道石田〜勝本線の道路際で確認されている。いずれも環濠の外濠に当たるものと考えられる。

　環濠の規模は，南北約 850m，東西約 350m の平面楕円形状を呈し，その範囲を外濠，中濠，内濠が三重に巡っていることが推測される。外濠で囲む面積は，約 25ha である。

　内濠と外濠の間隔は約 5m と狭く，中濠と外濠の間隔は約 30m と広く，並行して構築されている。

　環濠の機能は，丘陵の縁からの湧水が著しいこと，濠の底に木製品，木の葉，木片，炭化米，堅果類，種子類などが出土する腐食土層が堆積していること，湧水を活用する施設（石敷遺構），濠に橋を架けた痕跡などから防禦施設と水の用排水路として利用していたと思われる。

　丘陵上の濠は，昭和50年〜52年度の範囲確認調査の際に4カ所とすでに確認された1カ所の5カ所で検出されている。これらは，遺跡の中心部分を囲むような濠（遺跡の南西部分の第9, 9'試掘壙の弥生中期〜終末期頃のV字溝で，規模は現状で幅約 3.3m，深さ約 1.4m，長さ 4m）と墓域に関する濠（昭和49年度の緊急発掘調査で，弥生前期〜中期の墓群と溝状遺構が4条検出され，副葬品として戦国式銅剣，勾玉，トンボ玉，管玉などが出土した。この溝状遺構は墓域を区画する溝と考えられる）および環濠の一部と考えられる。

　通路状遺構　丘陵東側の石敷遺構から約 70m 東側の部分で，環濠と直交するように東西に2条の溝状遺

図1　原の辻遺跡位置図

図2 原の辻遺跡環濠推定図

構が，幅約3mの間隔で，並行して検出された。溝状遺構の規模は，幅約 2.5m，深さ約 1m，現状で長さ約 6m である。検出状況から，溝と溝間は遺跡に出入りする通路の一部と考えられる。また環濠には橋を架けて通行していたと推測される橋脚材や柱穴群も検出されている。

石敷遺構の約 40m 北側部分で検出した中濠の約 2.5m 外側に溝状遺構が1条検出されており，この間も通路としての利用も今後検討する必要がある。

石敷遺構 丘陵東側の内濠の一部に扁平な石を敷き並べた遺構（東西約 5m，南北約 4m で，さらに西側に広がる）が検出された。丘陵からの湧水を利用した水場の遺構で，弥生中期～後期にかけての時期の洗い場施設と水だめ施設と考えられる。

貝塚 弥生前期末の溝内で検出されたもので，弥生中期初頭の土器とともに，サザエ・アワビ・ハマグリなどの貝類，イヌ・シカ・サメ・タイなどの獣魚骨類やクジラなどの海獣骨が出土している。

昭和28年の東亜考古学会による調査で，弥生中期の住居跡が検出されているが詳細は不明である。また，墓域は，昭和20年代および昭和49年～昭和52年度の県教育委員会の調査で，環濠内側の丘陵北端部分に弥生後期前半～中頃の墓群が1ヵ所と環濠外側の丘陵上に4ヵ所確認されている。環濠外側の墓群は，弥生前期末～中期後半の時期（大原地区），弥生後期前半頃（高原地区），弥生終末期（大川地区），弥生中期後半以降（大川地区）である。

遺跡の最北端部分で，濠の内側に柵列と外側に貯蔵穴群の一部が確認されている。

2 主な出土遺物

弥生前期の木製楯，台脚付容器（漆製品も含む），弓矢の矢柄，手斧の柄，機織道具などの木製品類や土器，石器，骨角器や弥生中期～終末期の土器，石器，鉄器，青銅器，骨角器，土製品，装飾品，木製品，自然遺物など環濠内から数十万点ほど出土している。また，中国，朝鮮半島の土器（瓦質土器，無文土器，漢式土器），石器，青銅器，鉄器（鋳造鉄斧）や北部九州，瀬戸内地方との交流を示す遺物が数多く出土している。

3 まとめ

3世紀頃の日本（倭国）の状況を記載した中国の『三国志』の魏書東夷伝倭人の条いわゆる「魏志倭人伝」の中に記載された「一支国」の中心が，発掘調査の成果から本遺跡と考えられる。

発掘調査は，平成6年度も重要遺跡範囲確認調査および幡鉾川流域総合整備事業に伴い，環濠内側の丘陵上や低地の環濠内外側部分の調査を実施中である。

●最近の発掘から

平安京内に建てられた寺院──京都市六角堂境内地

江谷　寛　古代学研究所教授

1　六角堂の創建

　六角堂は京都市中京区烏丸六角通りにあって，京都の市街地のほぼ中心に位置している。正式には紫雲山頂法寺という天台宗の寺院である。如意輪観音を本尊とする，西国十八番巡礼の札所である。また，六角堂の塔頭のひとつであった池の坊は，代々六角堂の執行を務めていた池坊家の寺院であったが，文明年間（15世紀）に僧専慶がでて以来華道を大成し，華道の家元が六角堂の住職を兼務しており，現在45代の家元池坊専永氏も住職を兼務しておられる。このように，六角堂は巡礼の札所と華道の家元として中世以来京都の文化を支えてきた寺院として知られている。六角堂という名称は，本尊の如意輪観音像を祀る堂が六角形であることからこうよばれている。

　六角堂の創建については聖徳太子が建立したということと，平安京内に建てられたということが問題点となっている。

　聖徳太子が大阪の四天王寺を建立するために山城国愛宕郡に材木を取りに来て持仏の如意輪観音を一本の霊木にかけたのが本尊となり，紫雲のかかる巨大な一本の杉の木をもって六角堂を建てたという。それから200年のちに平安京が造営される時，条坊を割り付けたところ，六角堂が道路の中央に当たってしまうことになり，建物を移動させるため役人がきたところ，一夜のうちに5丈ほど移動していたといわれている。平安京造営以前には，この辺りは愛宕郡折田郷土車里といい，六角堂は雲林寺と称していたと伝えられているが，山城国で奈良時代の郷里制の名称はここ以外には残っていない。

　現在の六角堂は，平安京の位置でいえば左京四条三坊十六町の中にあり，北は三条通り（平安京の三条大路），南は六角通り（六角小路），東は東洞院通り（東洞院大路），西は烏丸通り（烏丸小路）に囲まれた内側である。

　この度，池坊会館の増改築工事に伴い平成6年5月から（財）古代学協会・古代学研究所が発掘調査を実施することとなった。

　従来この四条三坊十六町の一町四方のなかでは，6回の調査が実施されてきたが，今回は調査面積約800㎡で最も大規模な調査であり，六角堂が平安京造営以前からあったかどうかが問題点である。

2　六角堂の調査

　これまでの調査では，三条通りの南側で，中世になって民家が三条大路の路面にまではみ出してきた時の南側溝と，六角通りでは六角小路の北側溝を確認している。

　一町の内側では，平安京の条坊の最小単位である四行八門制の区画に合致した位置で道路面と溝が確認されている。例えば西三行・北二門の位置では南北方向に幅3mの道路面があって，平安時代後期にうずまってしまっている。また西四行・北二門と北五門の位置では南北方向の江戸時代の溝が検出されている。六角堂の寺域の北限と見られた東西方向の溝は，北三門と北四門の間に合致していることも今回の調査で確認できた。

　六角堂の寺域がどのようになっていたかがわからないが，一町内の北寄りでは奈良時代前期（白鳳時代）の鴟尾や奈良時代後期の重圏文軒丸瓦が出土していることから六角堂の創建を考える上では重要な資料であるが，ここでは遺構に伴っていなかった。

　今回の調査は六角堂の本堂の北側と東側にわたっており，一町内では中心部分に当たる範囲である。全面に約2mまではすべて17世紀以降の埋土で，上部には幕末の元治元年の火災による焼け瓦が堆積している。この埋土のすぐ下が中世と平安時代の面である。これらの面には平安時代後期の木枠を組んだ井戸をはじめ，近世に至るまでの各時代の井戸があり，全域で土取りによる穴があけられている。この一町内では，鴨川の氾濫による礫が広範囲に堆積しており，さらに東北から西南方向にかけて流路があって，その中に縄文時代晩期から弥生時代後期の土器片が混入している。

3　出土遺物

　出土遺物としては，調査地の北寄りで出土する瓦には平安時代後期の九州産のものが多く，土器類では11世紀から12世紀の土師皿や杯が集中して多量に出土している。これにたいして調査地の中程から南半部にかけてでは鎌倉時代の大和産の瓦が多量に出土する傾向があり，これらの時代の遺物が六角堂の変遷の，文献に欠ける部分を新たな角度から解明する資料となっている。平安時代の緑釉陶器，灰釉陶器などは全域から出土しており，ここでの生活水準の高さを示している。

　このほか中世の遺物としては化仏で高さ6cmの金銅

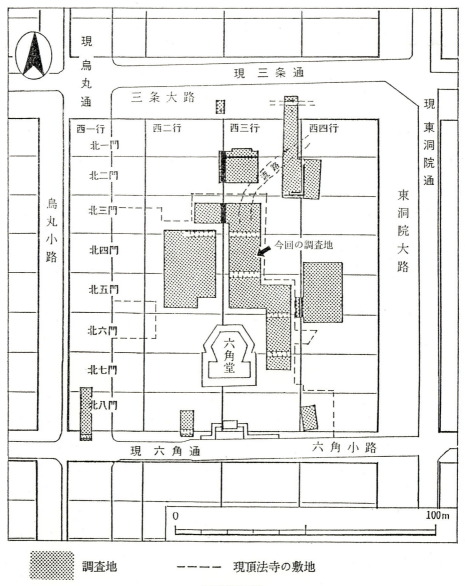

六角堂調査略図

製如意輪観音像があり，この寺の木尊と同様に聖徳太子信仰と関係するものとみられる。また中世室町時代頃とみられる「□□三十三所順礼」という巡礼札も出土している。密教法具としての独鈷杵や六道銭が多量に出土している。六道銭は北宋銭と古寛永通宝の二つのグループがある。この銭が葬祭と関係があることは「永禄三年」銘の一石五輪塔をはじめ，多数の石塔類や人骨から，現在の六角堂の東側境内が墓地であったことが明らかになってきて解決されてきた。

遺構としては，近年奈良県の加守廃寺で奈良時代の六角形の基壇が検出されており，平安時代以前の建物跡が検出できるかどうかという点を重点に調査をすすめている。現在六角堂の東北で検出している石積みの建物跡は，近世の「花洛細見図」に描かれている太子堂の遺構と考えられる。

連載講座
縄紋時代史
23. 縄紋人の集落（3）

北海道大学助教授
林　謙作

1. 縄紋集落論の現状

　和島誠一の「原始聚落の構成」，そして水野正好の「縄文時代集落復原への基礎的操作」，この二つの論文は，いまの縄紋集落論の出発点となっている。言葉をかえれば，いま縄紋集落をめぐって問題となっている事がらは，ほとんどすべて和島そして水野の言及の範囲に収まっている，といってもいい過ぎではない。

　たとえば，水野が宮坂英弌の与助尾根の調査[1]を基礎として，与助尾根の集落構成の復元[2]のなかで採用した大群―小群の構成は，ほとんど間をおかずに岡本勇・戸沢充則，あるいは向坂鋼二などの概説的な論文[3]のなかにとりいれられている。大群・小群をしきる分割軸の構成の分析を出発点として，さらに，親族組織の復元に言及する丹羽佑一のような発言もある[4]。

　また，1970年代から80年代にかけて，小林達雄の多摩ニュータウンの遺跡群の「セトルメント・パターン」の分類と，それを基礎とする「セトルメント・システム」の復元のこころみ[5]，あるいは私自身の仙台湾沿岸を対象とした作業[6]など，複数の集落の関係を，その占有する領域に着目して整理しようとする動きがあらわれる。和島は，すでに1950年代半ばに，愛知・豊川流域で先鞭をつけている[7]。水野の集落の領域についての発言も，これらの作業を触発している。

　和島・水野の論文が発表されたのち，縄紋集落の問題にふれた論文は，きわめて多数にのぼっている。いずれも，縄紋集落の研究のなかの個別の課題の掘り下げという点では，それぞれに意味がある。しかしながら，あたらしい研究の流れを作りだす，というまでの影響は及ぼしていない。

　長崎元広は，1970年代までの縄紋集落論の問題点を克明に整理し，関係する論文を丹念に収録している[8]。1960年代から1970年代にかけての集落論のこまかな動向と評価は，長崎論文に譲ることとして，ここでは縄紋集落論の現在の状況に目を向けることにしよう。

　「伝統的」な縄紋集落のイメージの見なおしを主張する意見（＝見なおし論）と，それに対する反論，それがここ十数年の縄紋集落論をめぐる議論の中心となっている。末木健・石井寛・土井義夫・黒尾和久・羽生淳子などが「見なおし論」の立場をとり，山本暉久・鈴木保彦・佐々木藤雄などがこれに反論するというのが，大まかな見取り図になる。

2. 「見なおし論」の輪郭

　縄紋時代の集落は「定住的」ではなく，土器一型式でしめされる期間のうちにも，何回か移動をくり返していた。いわゆる「大集落」は，いくつもの土器型式にまたがる長い期間，転入・転出をくり返した結果にすぎない。「見なおし論」の中身は，このように要約できる。

　今日われわれが住居址とよんでいる遺構が，どのようにしてできあがるか，その観察・解釈が住居がひきつづき利用されていたという解釈を否定し，頻繁な移動を主張する意見の根拠となる。住居址・土坑などの遺構からは「一括遺物」が出土し，土器型式細別の資料となる。細別型式の編年にもとづいて住居址をはじめとする遺構の年代を決定すると，土器一型式のうちの集落の戸数は多くても数戸にすぎない。「見直し論」の論拠はこのように整理できる。

　1960年代にはじまり，1970年代に日本列島全域

にひろがる「大規模開発」，それに対応する「緊急調査」によって，膨大な資料とデータが遺跡そのものと引き替えに残される。水野が，「想念を持った調査」の必要性を強調したのは1960年代末[9]，緊急調査が全国的に組織化されようとしている時期であった。「想念を持った調査」によって，集落址は「歴史」を復元するデータとなる。姿を消してゆく遺跡を前にして，なにを・どのように「記録」すべきなのか，という問題を意識してのことであったに違いない。その意味では，石井をはじめとする「見なおし論」は，結論では水野と食い違うとしても，おなじ意識を共有しているし，現在の埋蔵文化財をとりまく状況のなかから，生まれるべくして生まれた，といえる。

2-1. 「集団移動論」

石井寛は，縄文時代の「集団」は，「一定の土地への定着性を強めながらもなお，一定地域内での移動を繰り返していた。(中略) ひとつの集落址は，たとえ土器型式で数型式間に亘って居住されているようにみえても，その中の一土器型式期間内においてさえ居住は断続的であり，集落地の無人化状態を繰り返していたと考えられる」[10]という。「集団移動論」の骨子は，ここにつきるといえよう。

石井が指摘しているように，縄紋時代の集落が固定したものではなく，集団的な移動をおこなっていた可能性があることは，1960年代なかばから指摘されていたが，とくに活発になったのは1975年以後のことである[10]。石井は，その中のひとつである末木健の集落移動についての解釈[11]に批判をくわえながら自分自身の意見を展開するわけだが，その末木の意見は，小林達雄の「吹上パターン」[12]，可児通宏の土器・住居の廃棄プロセスについての解釈[13]に対する批判として提出されている。

「集団移動論」は1960年代なかばからの遺構の形成・遺物の堆積についての「パターン論」と結びついている。藤森栄一らは，1960年代なかばにおこなわれた長野・富士見町内の縄紋中期の集落址の調査で，住居址のなかの「一括土器」と住居の切り合いにもとづいて「井戸尻編年」をつくりあげた[14]。ただし住居の切り合い・一括土器の存在というふたつの「事実」を土器型式の編年に利用するにとどまっており，住居が廃絶するまでのプロセスと「一括土器」の性格はまったく吟味されていない。これに対して，住居が住居址となるまでのプロセス，土器をはじめとする遺物の遺棄・投棄という人間の行動の接点を説明すること，「吹上パターン」の提案の意味はそこにあった。

集落の住民は，周期的にまとまった量の土器を廃棄する。その場所として，廃絶し凹地となった住居址を利用する。それが「吹上パターン」である。捨て場に利用される住居址は，壁際から中央にむかって皿状に堆積した埋土（第一次堆積層）で，すでになかば埋まった状態になっている。ただし，小林の説明のなかでは，自然の営力による遺構の埋没と，そこに介在する遺物の投棄，この二種類のプロセスの区別が十分ではない。そこから，「第一次堆積層が形成される間，人びとは何をしていたのか」[15]という疑問が生まれ，それが「集団移動論」へと展開することになる。

この疑問をはじめて投げかけたのは，末木健である。彼は，第一次堆積層は遺物をほとんど含んでいないことに注目する。小林や可児が考えるように，おなじ集落のなかで，ひとつの住居からほかの住居に住民が移動したとすれば，第一次堆積層の形成をまたずに，ただちに住居址をゴミ捨て場として利用することはできる。とすれば，第一次堆積層からも遺物はでてくるはずだ。とすれば，この層が堆積するあいだは，集落は無人になっていたと考えるべきだ，というのが末木の意見である[16]。この前提のもとに，末木は住民の転入・転出にともなう施設・器物整理（片付け）などの行為，施設の廃棄にひきつづく変容など，一連の現象をモデル化した（表1）[17]。

表1 住民の転入・転出にともなう集落の変容（註15）にもとづき作成）

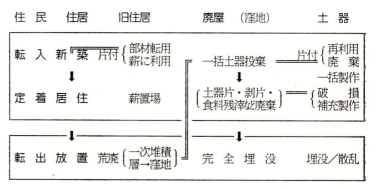

末木の解釈によって，住居址の埋土（覆土）の
うち最初に堆積したはずのものに遺物がほとんど
含まれていない，という理由はひとまず説明がつ
くことになった。遺構のでき上がるプロセスを，
人間の行動と結びつけてとらえようとする点で，
小林・可児の提案をうけついでおり，さらに細か
な問題をとりあげ，新しい解釈をひきだした。石
井は，この方向にさらに一歩踏み込む。

すでに紹介したように，住居の拡張という現象
をはじめて指摘したのは，関野貞である。関野
は，住居の重複と拡張を区別しており，新旧の住
居が偶然かさなっている場合には重複住居が，竪
穴を掘りさげる労力を節約するために，「廃屋と
なった竪穴を利用」する場合には拡張住居が残さ
れることになる，と説明する。ただし，上福岡D
地点住居のように「数回の拡張を経た例」は，
「順次必要に応じて」拡張がなこなわれたもの，
と解釈する[18]。これ以後，床面がほぼおなじ高さ
にあり，何本かの壁柱列（溝）・何組かの主柱が残
されている住居址を「拡張住居」と呼ぶようにな
った。それとともに，必要（たとえば家族数の増加）
が起こるつど床面積を広げた，という解釈も，そ
のまま受け継がれることになった。

必要に応じて住居を拡張する。この解釈は，さ
きに述べたような状態の住居址が，最後に放棄さ
れるまで，切れめなく住居として利用されていた
ということをも意味している。水野の「住まいの
流れ」の復元も，この解釈にもとづいている[19]。
石井は，遺構そのものに十分な吟味をくわえぬま
まに，この解釈が受け入れられていることを問題
にする。彼は，拡張にせよ建て直しにせよ，「実際
には旧住居の廃絶と新住居の構築にいたる間に，
（中略）そこに住居が存在していない期間を挟んで
いる」[20]と主張する。

石井によれば，「拡張住居」は数多く報告され
てはいるが，「拡張」がおこなわれる前の柱穴の埋
土の状態に注意をはらった例はほとんどない。も
し「拡張」がおこなわれる前の「住居の柱穴が自
然営力による自然堆積土の流入によって充満され
ているとしたら」[21]（圏点は林），これまでの住居の
拡張をめぐる解釈は，根拠をうしなうことにな
る。石井は，港北ニュータウンの西ノ谷6号住居
の拡張住居の例を紹介し，壁柱列・主柱穴の埋土
は「自然流入土」であること，貼床の下にも「自
然堆積土」が「流入」していることを指摘する[22]。

西ノ谷6号住居は，切れめなく利用され，必要
に応じて拡張された住居ではない。のべ四回の
「拡張」のあいだに「自然堆積土の流入」がおき
ていることは，そのたびに住居が放棄され，なか
ば埋没した状態になっているからにほかならな
い。「我々が現在『拡張』住居と考えている数軒
分の住居址は，実際にはこうした〈構築→居住→
廃絶→半埋没→構築〉といった繰り返しの過程を
経ている」[23]というのが，石井の結論である。石
井は神奈川・潮見台9号住居の切り合っている柱
穴の埋土（図2）[24]を指摘し，西ノ谷6号住居とお
なじく廃絶→半埋没のプロセスが介在していると
判断する。長野・茅野和田西3号住居も，記述が
不十分だが，おなじく廃絶→半埋没のプロセスが
介在しているには違いないと判断する[25]。

末木や石井の意見が，「集団移動論」の代表的
なものであることは，異議のないところだろう。
のちにあらためて紹介するように，集団移動論に
賛成しない研究者も少なくないし，石井が末木の
解釈に批判をくわえているように，おなじ立場の
人びとのあいだでも，意見が必ずしもまとまって
いるわけではない。とはいっても，遺構のキメ細
かな観察を出発点として，集落あるいは集落の住
民の動きをとらえようとしていることが「集団移
動論」の特徴である。これまでの調査のなかで，
注意しなければならないものでありながら見落さ
れてきた，そのような問題を指摘していることは
間違いない。現場で調査を担当している人びとの
あいだに共感を呼んでいる理由も，ここにあるに
違いない。調査技術，その土台となる問題意識，
そして分析・解釈の方向，このようないくつもの
要素を総合した意見として，集団移動論のもつ意
味は決して小さくはない。

2-2.「小規模集落論」

「たとえ二〇基，三〇基と住居跡が発見されて
も，それは帰するところ若干の住まいの流れに過
ぎないわけである」[26]。この水野の発言は，ある
いは「小規模集落論」の事実上の出発点になって
いるのかもしれない。水野は，いわゆる大集落が
二棟一小群三単位の住居で構成されている集落の
転移・移動の結果にすぎない，と主張した。ただ
し，村のなかの諸施設が中央の広場を中心として
配置されていること，広場が村の内外の人びとの
交歓・交流のための空間で，ひきつづき維持され
ていたことも主張している。水野は，大集落の存

在には否定的な態度をしめしたが，定型的な集落があることまでは否定しなかった。「小規模集落論」の立場をとる研究者のなかには，広場の存在さえも疑わしいという人もいる。

前置きはともかく，「小規模集団論」を主張する人の意見を聞いてみよう。まず，「小規模集落論」を主張する研究者は，これまでの縄紋集落の研究のどのような点に問題があると考えているのか。土井義夫はつぎのように説明している[27]。

a　観察・分析の対象となる集落遺跡というものは，時間的に累積された最終的な姿であるが，従来の研究ではこの点が十分理解されていなかった。

b　その結果，複数の時期にまたがる集落の姿にもとづいて，定型的・拠点的集落の枠が作られることになった。

c　その一方，この枠に収まらぬ集落遺跡は，臨時的・派生的・特殊な性格のものとされ，性格のことなる二種類の集落遺跡が存在する理由は掘り下げられぬままになり，

d　その結果，集落遺跡から出土するいくつかの土器型式の序列・変遷を，そのまま切れめなくつづく集落の姿と取り違えてしまった。

e　したがって，ひとつの土器型式のしめす年代幅のなかで，集落や住居の廃絶・住民の転出や転入がおこった可能性が本格的に問題にされることはなかった。

ここで土井が問題にしているのは，これまでの縄紋集落の調査・研究の欠陥で，彼の批判はもっぱらそこに集中している。その点では，前回紹介した羽生の和島集落論批判より，はるかに的確で説得力がある。

つぎは「小規模集落論」の中身である。黒尾和久は，その主張を次のように要約している[28]。

a　縄紋中期の生活単位（中略）は，竪穴一〜数軒程度の極めて小規模な集団である。

b　「大規模集落」も一時点の集落の景観は，「小規模集落」のそれと大差ない。

c　「大規模集落」は，そうした小集団が，緩やかに離合集散を繰り返した結果形成された時間的累積の結果である。

d　縄紋時代中期の居住実態は，小規模集団を生活の単位とする移動性にとんだあり方である。

ここで，黒尾が対象としているのは中期の集落であるが，早期後葉[29]・前期前葉[30]・前期中〜後葉[31]の集落を対象とした分析からも，おなじような結論がえられている。つまり，「小規模集落論」の基礎となっているデータは，縄紋中期あるいはそれ以前のもので，かならずしも縄紋時代全体を見通しているわけではない。もっとも，これまでの研究にもおなじ傾向は指摘できる。立場や手法を問わず，縄紋集落の構成のモデルとなっているのは，中期の遺跡が圧倒的に多い。これは，これまでの集落論が，中期の遺跡の比率がきわめて高い関東（東部・南部）と中部高地の資料にもとづいて展開されてきているからである。それだけに，「小規模集落論」の立場をとる研究者が，早期・前期の集落の構成をとり上げているのは，縄紋集落論の視界の拡大と結びつくわけで，歓迎すべきことに違いない。

黒尾は，縄紋中期と後期のあいだに，集落の性格が変化し，後期にはいって本格的な定住的集落が成立する可能性を指摘している[32]。その上で，「縄文時代の典型として理解しがちであった中期の『集落』のあり方も，縄文時代のなかの一様相として位置づけるのが妥当だろう」[33]とする。上に指摘したような事情を考えにいれれば，「関東・中部高地の縄文時代の一様相」というのが正確だろう。それはともかく，これまで縄紋集落の変遷といえば，草創期・早期には小規模で不安定なものであり，前期にはいって大形化・安定化する傾向のひろがりのなかから定型的集落もあらわれ，中期の定型的大集落の全盛期をむかえる，という型にはまった見取り図の枠を抜けることはできなかった。縄紋時代の集落に，いつ・どの地域で・どのような変質が観察できるのか，その問題が（たとえ関東・中部高地の範囲にかぎられるとしても）解決されれば，縄紋集落論は確実にあたらしい段階をむかえることになる。

土井義夫は，これまでの「縦切りの集落研究」にかわって，土器型式ごとに居住の実態をあきらかにする「横切りの集落研究」を試みる必要があることを指摘している[34]。そのためには，どのような手法を取り入れているのだろうか。

土器型式の細別は，有力な武器である。羽生淳子は，神奈川・東京・群馬の前期中葉〜後葉の51遺跡・のべ78棟の住居址の年代を，諸磯式の細別にもとづいて割りだした。その結果，全時期を通じて一時期の住居数がただ一棟という集落が40例（51.2%）をこえ，一時期に五棟以上の住居が併存

する集落はわずか9例(11.6%)にすぎないことがあきらかとなった[35]。

これまでの一時期あたりの集落規模の見積りが大きすぎるとすれば、時間を刻む尺度をこまかくすれば、一時期あたりの集落の戸数が少なくなるのは当然のこととともいえる。土器型式の細別は、小規模集落論者にとって、手放すことのできない武器ともいえるだろう。ただし、羽生自身も指摘しているように、ここに紹介した時期ごとの住居の数は、いわば最大戸数である[36]。したがって、一時期・一集落あたりの平均戸数2.4という数は、さらに小さくなるとみるべきだろう。これは羽生自身の主張にとって支障となることではない。しかし土器型式だけで、遺構の年代・序列を決定することはできないこともあきらかなのだ。

黒尾は、土器片の接合関係を手がかりとして、住居の廃絶した時期の新旧を判断している[37]。黒尾は、東京の神谷原・天祖神社東・和田百草などの例(図1)を紹介し、隣りあう位置にある住居の埋土から出土する土器片は接合せず、むしろ遠い位置——伝統的な用語をつかえば広場をはさんだ反対側——にある住居から出土するものと接合することを指摘している。黒尾は、この事実を根拠として、近い位置にある住居が結びついて小群を構成するという解釈[38]はなり立たない、という。

接合のあるなしにとどまらず、土器の出土位置の観察は、施設が遺構になるまでのプロセスや、そこに介入している人間の動きをとらえる有効な手がかりとなる。金子直行は、埼玉・北遺跡で、複数の住居址にまたがる接合にくわえて、炉に埋けこんである土器・床面から出土した土器の関係をも観察し、施設が遺構になるプロセス・集落の住民の土器の処置を読みとろうとしている[39]。小林謙一も、慶応義塾大学藤沢キャンパスなどの資料を利用して、廃棄された土器の動きと遺構のできあがるまでの経過を追求している[40]。小林の関心は「廃棄」という行動のあとづけに向けられている。その場合、廃棄という行為の中身をあらかじめ整理しておかなければ混乱が生じる。小林は複合的・単純・結果としての廃棄という三つのカテゴリーを準備している。桐生直彦の遺物の出土状態を、転用・遺棄・廃棄・流入に大別し、それをさらに細別しようという提案も、おなじ配慮の結果だろう[41]。桐生は、この論文のなかで研究史のまとめ・文献の集成もおこなっている。

黒尾はこのほかに、ゴミ捨て場・墓など、住居以外の施設のありかたにも検討をくわえている。しかし、正直のところ、私には賛成しかねる。

3. 「見なおし論」の評価

縄紋集落の研究に新しい方向を見つけようとする試み、それを仮に「見なおし論」と名づけた。そのなかには、羽生のような極端な誤解も見られはするものの、これまでの縄紋研究の歴史を理解したうえでの提案が主流となっている。「……研究史の流れをただ客観的に跡づけるのではなく、集落論の今日的な問題点(中略)に視点をはっきりと絞り、それらを引き起こしている原因や研究風土の具体的な分析を通して将来的な克服策を呈示するという、すぐれて実践的な方向性をその中に少なからず包含している」[42]という佐々木藤雄の評価に賛成したい。にもかかわらず、具体的な問題をとり上げれば、意見が一致しているというには程遠いのが実情である。つぎに、遺構形成

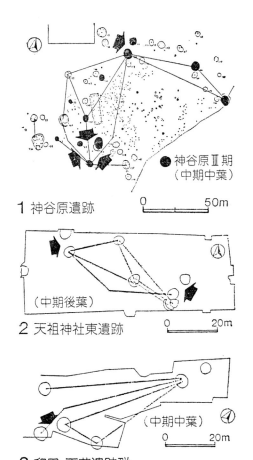

図1 同一個体土器の分布(註28)による
1 神谷原遺跡
2 天祖神社東遺跡
3 和田・百草遺跡群

と土器の廃棄・移動／定住，集落の全体像にしぼり，私自身の意見もまじえて紹介しよう。

3-1.　遺構形成と土器の廃棄

末木は，「集団移動論」の口火を切った文章のなかで，「第一次堆積土」は廃屋となった住居の外から流れ込んだものと解釈した。山本暉久は，これを真っ向から否定する[43]。おなじ集落のなかの住居を放棄するときに，上屋を解体し，掘り方を埋めもどす。「第一次堆積土」は，このときに人間が投げこんだものだ，というのが彼の解釈である。山本は，住居の送り儀礼がおこなわれていたことを再三にわたって主張している[44]。山本の意見を批判するのは脱線になるが，彼の主張には納得のゆかぬ点が多い。

「第一次堆積土」は，末木が指摘しているように，遺物をほとんど含まず，きわめて細粒で均質である場合が圧倒的に多い。この特徴は，すくなくとも東日本では，縄紋時代にかぎらずすべての時期に共通する。東日本一帯では，縄紋時代から歴史時代まで，共通の「廃屋儀礼」の伝統を守り続けていたのだろうか。朽ちかけた屋根や壁の隙間から土ぼこりが吹きこんだと考えれば，「第一次堆積土」のこのような特徴は説明がつく。

山本の意見に納得のゆかぬいま一つの理由がある。山本の論文からは，上屋を解体したという解釈の裏付けを読みとることができない。とくに，柱をどのように始末したのか，切り倒したのか・抜き取ったのか，遺構を観察すれば判断がつくはずだが，山本はその点には触れていない。この点は，石井の柱穴の埋土の解釈にも納得できないところがある。石井が「自然流入土」で埋まっていると解釈した潮見台9号住居の柱穴（図2b）を検討してみよう。

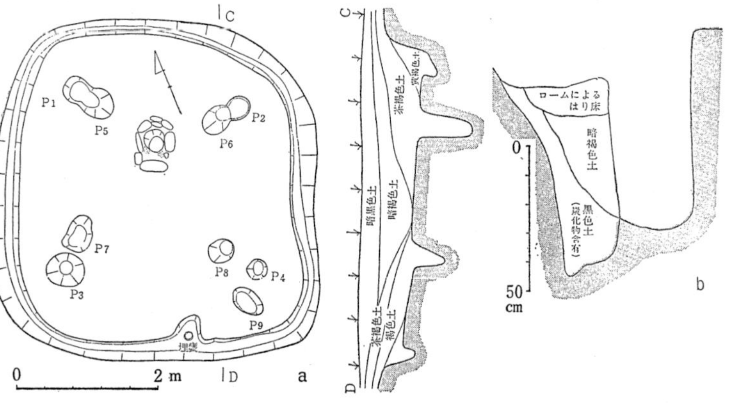

この住居址全体の土層断面（図2a）は，住居掘り方の外から流れこんだ土が柱穴も埋めているように描いてある。ただし，その土は茶褐色で，柱穴の断面（図2b）にある暗褐色ではない。ましてP_2のなかの黒色の土は，住居埋土のなかにはまったく見当たらない。この二種類の土は，外からの流れ込みではない。暗褐色のものはP_6に柱を据えたときの埋土，黒色の方はP_2にあった柱が立ち腐れになったものに違いない。

歴史時代の掘立柱建物を調査するときには，柱の痕跡（柱痕）と柱を立てる掘りこみ（掘方・据方）を掘り分けるのが常識になっている。柱を転用するために抜き取ったかどうかも，柱痕の輪郭が不規則になり，側面に掘りこみや不自然な凹凸ができるから判断がつく。礎石をつかわぬかぎり，柱は地中に立てるほかはない。砂丘でないかぎり，穴を掘らねば柱はたたない。その穴は柱より大きいから，柱を据えた後で隙間を埋めねばならない。地山・表土の入り混じった土が，柱据方の埋土となる。縄紋人も，のちの時代の人びとと同様，穴を掘って柱を立てていたに違いない。しかし縄紋時代の建物の調査で，柱痕と据方を掘り分けている例はきわめて少ない[45]。縄紋時代と歴史時代の建物の柱は，調査する人びとの手で掘り分けられてしまっているのだ。

柱の埋土は「自然流入」だという解釈と，埋土の説明には矛盾がある。石井のいうようにすべての柱穴が流れ込んだ土で埋まっているとすれば，柱痕は空洞になっていたわけだから，立ち腐れになった柱は一本もなく，山本のいうように，縄紋人は住居を廃棄するつど柱を引き抜いていたことになる。しかし実測図から引き抜きの痕跡が読みとれた例はほとんどないし，山本もその点に触れてはいない。引き抜いた証拠もないのだから，柱はもとの位置で朽ちていったものと考えねばならない。しかし，柱穴に残っていたはずの柱の残骸はどこに行ったのだろうか。跡形もなく風に飛ばされてしまうはずもない。住居址の柱穴は，石井が解釈するように「自然営力による自然堆積土の流入によって充満されて」いるのではない。柱痕を埋めている「黒色土」こそ，

図2　潮見台9号住居（a）とその柱穴（b）の断面図（註24）による

柱が朽ちはてたすがたなのだ。

枝葉末節に近いような話になったが，その手の話を，もうすこし続ける。ただし，話題は土器の廃棄の問題にかえよう。複数の遺構に分布する同一個体の土器の解釈の問題である。黒尾は，いくつかの住居址にまたがって，おなじ個体の土器が出土する場合，「その住居址同士は，接合関係を結ばない住居にくらべて廃絶時が近い（同時に建っていた可能性が高い）ことになる」[46]と説明する。この説明が成り立つ可能性がきわめて大きいことは否定できないし，黒尾の慎重な態度もうかがえる。典拠となる報告・論文[47]を参照することができなかったので，杞憂にすぎないのかもしれないが，一抹の疑問は残る。

金子直行は，北遺跡16号住居で観察した次のような事例を指摘している。「覆土出土の土器は（中略）床面からかなり離れた（中略）出土状態を示していた。（中略）総体的に加曽利ＥＩ式の古～中段階的な様相を持ち，炉体土器との間に時間差は感じられない。しかし，この住居の床面は2の土器（加曽利ＥＩ新段階―林）が占有していた時間がある。この現象を理解するに，1が炉体土器として機能していた時間の次に，2が床面で機能する時間があって，この住居跡が埋まりかけた最終段階で覆土の土器（炉体土器とほぼ同じ位の時期の土器）がどこからか持ち込まれて廃棄された」[48]。金子は，この事例を末木が「片付け」（表1）とよぶ行為の結果と解釈できる，と判断している。

接合関係の分析が，集落研究の新しい武器となることは間違いない。今後，接合資料を手がかりとして，桐生のいう「消去法的」[49]な手法をもちいて同時に併存していた住居を絞りこむ作業は集落分析の定石となる可能性も高い。そこでは，黒尾のしめしたような判断が，オーソドックスなものとなることが予想できる。しかしその一方，いわば回り道をした廃棄とでもよべそうな事例もあきらかになっている。このような場合にも，黒尾の判断が妥当なものといえるだろうか。

3-2. 移動と定住（1）

以前，石井と水野の領域についての意見を対照し，両者ともに「重層性・多面性をもったムラ・集団領域の一面のみを過度に強調」しており，石井の場合は，和島誠一の主張する生産性の低い不安定な社会という縄紋社会の評価を踏襲していることにその原因がある，と述べたことがある[50]。

今回，和島の論文を読みなおしてみて，和島が，縄紋時代を通じて生産性の低い不安定な社会が続いていた，と考えていたわけではないことに気づいた[51]。さきの私の発言のうち，和島の縄紋社会に対する評価にかかわる部分は撤回する。

この論文を執筆したころ，私は「定住論」に近い立場にあったといえよう。ただし，集落から出土する土器がいくつもの型式にまたがるからといって，集落がその間切れめなく続いていた，と考えていたわけではない。しかし石井が指摘するほど，頻繁な移動があるとは考えられず，結果として石井の意見には否定的な態度をとった。現在では，この連載のなかで，資源管理の手段としての移動ということを何回か指摘していることから推察して頂けようが，移動は資源の消費を適正な規模に抑えるために，きわめて有効な手段だ，と考えている。縄紋人は，石井が主張するように，かなり頻繁に集落の移動をおこなっていたと考えるべきだろう。問題は，その頻度，そして移動の実態である。その点では，石井の意見には同意できない点がある。くわしい説明は，次回にまわさねばならないが，さしあたり，私の意見が変化していることだけは，明らかにしておきたい。

今回の執筆にあたって，越田賢一郎氏からは文献コピーを提供していただいた。石井寛・末木健・土井義夫・黒尾和久・佐々木藤雄・金子直行・山本暉久の諸氏には草稿段階でご意見をいただいている。

註
1) 宮坂英弌「与助尾根遺跡の発掘調査」（『尖石』141-215，茅野市教育委員会，1957・1975〈復刻〉）
2) 水野「縄文式文化期における集落と宗教構造」
3) 岡本・戸沢「縄文文化の発展と地域性―関東」（鎌木義昌編『日本の考古学』2：97-132，河出書房，1965），向坂「原始時代郷土の生活圏」（『郷土史研究講座』1：257-299，朝倉書店，1971）
4) 丹羽祐一「縄文中期における集落の空間構成と集団の諸関係」（『史林』61：274-312，1978），「縄文時代の集団構造」（小林行雄博士古稀記念論文集刊行会『考古学論考―小林行雄博士古稀記念論文集』41-74，平凡社，1982）
5) 小林「多摩ニュータウンの先住者―主として縄文時代のセトルメント・システムについて」（『月刊文化財』112：20-26，1973）
6) 林「縄文時代の集団領域」，「宮城県下の貝塚群」
7) 和島「野外調査―集落址」pp. 51-55（和島編『日本考古学講座』1：46-74，河出書房，1955）

8) 長崎「縄文集落研究の系譜と展望」(『駿台史学』50：51-95，1980)

9) 水野「縄文時代集落復原への基礎的操作」p.1

10) 石井「縄文社会における移動と地域組織」(『調査研究集録』2：1-42，1977)

11) 末木「移動の所産としての吹上パターン」(末木編『山梨県中央道埋蔵文化財調査報告書―北巨摩郡長坂・明野・韮崎地内』220-24，山梨県教育委員会・日本道路公団東京第二建設局，1975)

12) 小林「遺物埋没状態及びそれに派生する問題」(栗原文蔵編『米島貝塚』庄和町教育委員会，1965)

13) 可児「住居の廃絶と土器の廃棄」(『多摩ニュータウン遺跡調査報告』7：27-32，多摩ニュータウン遺跡調査会，1969)

14) 藤森編『井戸尻』(中央公論美術出版，1965)

15) 末木「移動の所産としての吹上パターン」p.221，「土器廃棄と集落研究」p.335 (論集日本原史刊行会編『日本原史』351-72，吉川弘文館，1985)

16) 「移動の所産としての吹上パターン」p.221

17) 同上・p.223

18) 関東「埼玉県福岡村縄紋前期住居址と竪穴住居の系統に就いて」p.376

19) 水野・前出・pp.4-7

20) 石井・前出・p.2

21) 同上・p.4

22) 同上・pp.5-6

23) 同上・p.6

24) 久保常晴・伊東秀吉・関　俊彦『潮見台遺跡』pp.40-43 (中央公論美術出版，1971)

25) 石井・前出・pp.7-9

26) 水野・前出・p.8

27) 土井「考古資料の性格と転換期の考古学」pp.5-6 (『歴史評論』454：1-8，1988)

28) 黒尾「縄文時代中期の居住形態」p.19 (『歴史評論』454：9-21，1988)

29) 小林謙一「縄文早期後葉の南関東における居住活動」(『縄文時代』2：81-118，1991)
　　ただし，小林の論文の趣旨は「居住，調理・分配，消費・廃棄や葬送・儀礼の活動が集中する拠点的な集落」(p.111)を中心とするネットワークの存在することを指摘することにあるから，小林が「小規模集落論」の立場をとっている，と決めつける訳にはゆかない。

30) 土井義夫・黒尾和久「縄文時代前期前葉の居住形態―多摩丘陵地域の事例を中心として」(吉田格先生古稀記念論文集刊行会編『武蔵野の考古学―吉田格先生古稀記念論文集』45-84，1992)

31) 羽生淳子「縄文土器の類似度―土器の属性分析に基づく遺跡間の関係復元への新たな試み」(『史学』55：115-44，1992)，Habu Junko. Numbers of Pit Dwellings in Early Jomon Moroiso Stage Site. (『人類学雑誌』96：147-65，1988)

32) 黒尾・前出・pp.15-16，19

33) 同上・p.20

34) 土井「1993年の縄文学界の動向―集落・領域論」p.218

35) Habu, ibid. pp.152-56，159

36) 同上・p.156

37) 黒尾・前出・pp.12-13

38) 水野・前出・pp.9-10

39) 金子編「北・八幡谷・相野谷(本文編)―上越新幹線関係埋蔵文化財発掘調査報告10」pp.222-26 (『埼玉県埋蔵文化財事業団報告書』66，1987)

40) 小林「縄文遺跡における廃棄行為復元の試み―住居覆土中一括遺存遺物及び炉体土器の接合関係」(『異貌』13：17-45，1993)

41) 桐生「住居址間土器接合資料の捉え方―現状認識のためのノート」(『土曜考古』13：1-19，1992)

42) 佐々木「和島集落論と考古学の新しい流れ―漂流する縄文集落論」(『異貌』13：46-123，1993)

43) 山本「縄文時代社会と移動―『集団移動』論をめぐる研究の現状とその問題点について」p.70 (『神奈川考古』23：65-88，1987)

44) 山本「縄文中期における住居跡内一括遺存土器群の性格」(『神奈川考古』3，1978)，「縄文時代における竪穴住居の廃絶と出土遺物の評価」(『二十一世紀への考古学―桜井清彦先生古稀記念論文集』39-55，雄山閣出版，1994)

45) 慶応義塾大学藤沢キャンパスⅡ区4号住居の土層断面図からは，柱が立ち腐れになっている状態を読みとることができる。
　　大野尚子・小林謙一「Ⅱ区の調査・遺構とその出土遺物・竪穴住居址」pp.528-31 (慶応義塾藤沢校地埋蔵文化財調査室編『湘南藤沢キャンパス内遺跡』3：489-755，1992)

46) 黒尾・前出・p.13

47) 後藤祥夫「新山遺跡における遺物遺存状態の観察」(『新山遺跡』東久留米市教育委員会，1988)
　　黒尾和久・石井浩己「遺物出土状況」(『天祖神社東遺跡』練馬区遺跡調査会，1986)
　　黒尾和久「竪穴出土遺物の考え方」(『東京の遺跡』16，1987)

48) 金子編・前出・pp.224-25

49) 桐生「住居址間土器接合資料の捉え方」p.16

50) 林「縄文時代の集落と領域」p.122 (大塚初重・戸沢充則・佐原　眞編『新版・日本考古学を学ぶ』3：108-27，有斐閣，1988)

51) この点について，佐々木藤雄からも，おなじ趣旨の教示をうけている。

書評

㈶古代学協会 編

平安京提要

角川書店
B5判 1058頁
12,000円 1994年6月刊

㈶京都市埋蔵文化財研究所 編

平安京研究資料集成
1. 平安宮

柳原書店
A4判 350頁
22,000円 1994年6月刊

平安建都1200年を迎え，平安京関係の歴史・考古学書があいついで出版された。なかでも『平安京提要』と『平安京研究資料集成―1平安宮―』は関係学界が鶴首していたものである。前書は㈶古代学協会・古代学研究所，後書は㈶京都市埋蔵文化財研究所の編集によるもので，周知のようにともに平安京跡の発掘調査に主体的に携わり，また担当している研究機関である。

平安京（宮）跡の考古学的調査は，藤原京（宮）跡・平城京（宮）跡に遅れ，飛鳥諸京（宮）跡・難波京（宮）跡・長岡京（宮）跡ほどに注目されることなく，どちらかと言えば地味な調査活動であった。その要因は，何と言っても1200年にわたって殷賑を極めた都市・京都の地下にすっぽりと埋もれてきたからであろう。

平安建都1100年記念として湯本文彦によって編述された『平安通志』60巻は，明治の大業として，その後の平安京研究に大きな役割を果たしてきたが，当然のことながら考古学的方面の知見が盛られることがなかった。それから100年，平安京跡の考古学的調査に先鞭をつけた㈶古代学協会は，古代学研究所の主宰・角田文衞氏の主導のもと，㈶京都市埋蔵文化財研究所の全面的協力に加えて，平安京研究をリードしている多くの研究者の積極的な協力をえて『平安通志』以降の平安京研究を総括し，研究の現状をまとめるとともに将来に向けて現代の水準を網羅する一書を編んだ。平安京（宮）跡を，文献史学・歴史地理学・建築史学・考古学などの研究者が発掘調査と文献史学の成果を基礎に平安京400年の歴史を説き明かしている。とくに，条坊・大内裏・内裏・朝堂院と豊楽院の復元は圧巻である。そして，従来，部分的にしか知ることをえなかった平安京（宮）跡の発掘調査の状況，出土遺物（瓦・土器・陶磁器・木製品・木簡・祭祀遺物・銭貨など）の実態を明瞭にし，加えて白河・鳥羽など周辺の関連地についても研究の近況を総括している。また，年表（平安京略年表・皇居略年表），文献目録などを付していることも本書の学問的価値を増さしめている。平安京の左京と右京の発掘状況とその部分の歴史的背景についての記述は待望のものであり，収められた京内発掘地点図はきわめて興味深いデータとなっている。

平安宮跡を対象とする発掘調査と文献研究についての記述も豊富であるが，この点については，現在，平安京（宮）跡の発掘を主として担当している㈶京都市埋蔵文化財研究所が編集した『平安京研究資料集成』1が詳細な資料を提供してくれる。同研究所は，すでに多くの発掘概要を公けにしてきているが，宮跡発掘の100地点を選んで一書としてまとめられたことは，建都1200年の記念事業として有意義な企てであったと言えよう。研究所の前所長杉山信三氏は「蓄積された発掘資料はすぐ取り出せる姿であることが必要」である，と編集の主旨を概括されている。この資料集成は「宮」を対象としたものであるが，近い将来「京」を網羅した続編が刊行されることになっていると言う。刊行が待たれる。

『平安京提要』と『平安京研究資料集成』の出版は，平安京，さらには日本古代都京の研究上エポックメーキングとして位置づけられることであろう。従来とかく不分明であった平安京（宮）の実態の一斑がこのような形で公けにされたことは建都1200年目という節目を飾るまことに意義あることであった。

かかる両書と関係深い杉山氏は，平安京（宮）跡の調査に情熱を燃やし続けたお一人であるが，氏の米寿を記念した論文集『平安京歴史研究』が刊行されたこと，氏の『よみがえった平安京』が出版されたことも，平安京（宮）の研究上，大きな意味をもっている。論文集は，平安京・平安京周辺・建築・考古の4部にわたり，先生と有縁の49名の研究者が論文を寄せている。また「埋蔵文化財を資料に加えて」と副題された著書は，氏の平安京研究のユニークな見解を収めたものであり，小冊ながら注目すべき内容をもっている。

いま，平安京（宮）跡の研究は，膨大な出土資料とその分析検討が試みられ，新しい岐路にたっている。文献史料一辺倒の感が強かった平安京（宮）の研究に，考古学的な資料が豊富に加わり，まさに古代学的な発想による研究の方向性が確立されつつある。

建都1300年を迎える頃，以上の2大作についてどのような評価があたえられるか興味あるところである。

（坂詰秀一）

書評

浅川滋男 著

住まいの民族建築学

建築資料研究社
A5判 428頁
7,800円 1994年6月刊

　中国南部の伝統的な住居の「民族建築学」を標榜する，注目すべき一書が出た。著者の浅川氏は約10年前の大学院生時代に中国に留学し，現在は奈良国立文化財研究所に在職する。本書はその間精力的に，中国，とくに南部を「這いずりまわって」集めた「生きている」建築資料を分析活用した，「異文化」の住居研究の成果であり，従来の中国建築史の類とは大きく異なる。氏によれば従来の住居の歴史民族学的研究に総じてみられる方法上の欠陥は，「①現在的な分布に依存するばかりで，時間軸に対する配慮が著しく欠けること，②住居の建築的理解が極めて貧しいことの二点につきる」が，氏は「このような欠陥を修整しうるだけの見通しを私かにもっている。」と述べ，より実証的な民族建築史の再構成をめざしている。後者の批判は考古学研究者も免れず，筆者も耳がいたい。氏の研究領域は広大で筆者の理解の及ばない部分もあるが，あくまでも考古学を学ぶ立場から本書の目次に沿いながら，その成果の一端をみてゆくことにしたい。

　「第Ⅰ部　江南漢族の住まい」は江南漢族の伝統的住宅に関する民族誌的記述と分析である。氏の留学時代の調査を基礎とする中国の建築についての処女作的論文を集めているが，当初から研究の関心が単にモノとしての建築にあるのではないことは，章題の「住空間の民族誌」，「"灶間"のフォークロア」に伺うことができよう。しかし，一方で，「私は人類学者ではなく，建築学者であ」るというモノへのこだわりが，精密な観察や記録となり，氏の研究の筋金となっていることを知る。

　「第Ⅱ部　高床建築の民族史」では中国とその周辺地域における高床式建築について，発掘資料と民族誌資料を総合させながら，系譜論的な比較研究を展開する。氏自身が後書きで記すように，現在の氏の職場である奈文研での発掘調査の経験と考古学者との交流が氏の研究の方向に大きな影響を与えている。その結果誕生し，この章に納められた諸論文では「民族建築」の「誌」に加え，「史」的側面がより補強され，われわれ考古学を学ぶものは大きな恩恵をうけることになったのである。まず，従来の硬直化した，＜北方＝竪穴／南方＝高床＞という先史住居の二元的イメージに対し，現在の華南の多様な民族建築についての氏の最近の野外調査を背景に，考古資料および文献資料を吟味して異議をとなえる。氏によれば，南方中国でも，背景となる自然環境と民族文化に対応して，さまざまな住居形式が各地に展開していた。そのうち，高床式建築は低湿地に適応した家屋として，揚子江下流域から東南地域にかけての大スワンプ地帯に起源した可能性が高いという。しかし，稲作の発展とは逆に，高床→平地→穴居という流れがあることから，稲作と高床式建築は起源的に結びつかない可能性を指摘している。一部の研究者に見られる弥生時代の高床の雲南起源説にも，警鐘を発している。また，氏の論及は北方の高床倉庫にもおよび，華南以南の高床倉庫との直接的な系譜関係に否定的である。続いて日本の高床倉庫の系譜にも言及し，弥生時代の高床倉庫については従来の南方説を踏襲するが，奈良時代に登場する正倉院に代表される校倉式の宝物庫は高句麗を媒介として北方ユーラシアに連続する要素とみなしている。

　「第Ⅲ部　華南の少数民族」の中で考古学的にとくに注目されるのは，中国新石器時代の大型住居の解釈などでよく引き合いに出される雲南ナシ族の東部地方集団であるモソ人の住居の調査であろう。モソ人の社会はアチュ婚という独特の婚姻制度をもつ母系拡大家族制であり，住居空間の構造は独特な母系社会の居住様式と切り離すことはできない。このような研究にこそ氏の本領が発揮される。また，モソ人の住居に見られる累木式建築構法の系譜は有名な石寨山文化の青銅器に見える高床倉庫の構法にさかのぼり，雲南に及んだスキタイ系の要素としている。さらに，第Ⅱ部の議論を踏まえ，「古代日本は高句麗を，雲南はチベット・四川の草原地域をそれぞれ媒介にして，北方ユーラシアの累木式構法を受容した地域なのである」という刺激的な提起をしている。

　氏ならではの精力的で緻密な野外調査をあくまでも基本とし，考古資料をも視野にいれて，なおかつ漢籍資料をも見逃さない。これが従来の「空想じみた仮説」をこえて，信頼性のある議論へと高めているのである。また，考古資料についても民族建築研究の視点から独創的な解釈，知見を随所に披瀝している。考古学を学ぶものにとっても啓発されるところが多いに相違ない。一読をお薦めする。読了後，氏による北方住居の民族建築的な研究の続編を期待するのは筆者一人ではあるまい。

（大貫静夫）

書評

角田文衞 編
考古学京都学派

雄山閣出版
A5判 301頁
2,500円 1994年5月刊

　この度, 雄山閣出版より角田文衞編『考古学京都学派』が出版された。日本の大学の考古学講座として京都帝国大学文科大学以来, 最古の伝統をもつ京都大学で考古学・歴史地理学を学んだ先学の思い出の記, 追悼文をまとめたものである。既発表のもの (既と略す) に新稿を加えた三部からなる。

　第一部「回想」では, まず三森定男「考古太平記」(既) は江坂輝彌氏の解説がつけられ, 三森氏の文中の誤りも指摘されている。角田氏の追記もある。角田文衞「濱田先生の横顔—その頃の日記から—」(既) は, 濱田氏の幅広い人柄がうかがわれる。三森定男「離洛状」(解説：角田文衞, 既) は戦前の角田氏宛の書簡である。藤岡謙二郎「身辺雑記」(解説・注：角田文衞) は戦前の藤岡氏から角田氏宛の書簡で新稿である。

　第二部「群像」では, 京大考古学教室に学んだ先学たちの人物像が浮き彫りにされている。角田文衞「濱田耕作博士の面影—『青陵随想』の解説—」(既) は, 濱田氏の幅広い研究姿勢を読み取ることができる。角田文衞「梅原末治博士」は新稿である。梅原氏は虚弱な身体をおして学問に取り組み, 業績をあげた。本稿では, 梅原氏の光と影の面について述べられているが, 第三部穴沢咊光「梅原末治論」と併せて読むことが必要。京大内部にあった人と, 外部の人による業績評, 人物評であるからである。ここで, 角田氏は梅原氏から得た教訓として, みだりに人を叱責したり, 事情も究めないで怒鳴ったりしないことなどのいくつかのことをあげている。角田文衞「島田貞彦の生涯と業績」(付島田氏略年譜, 著作目録抄, 既), 有光教一「島田貞彦さんを偲ぶ」(既) は, 穏やかな人柄の偲ばれる文章である。島田氏は, 戦後の混乱の中, 旅順で死去し, 後の活躍の機会を失ってしまった。角田文衞「能勢丑三略伝」(付能勢氏略年譜, 既) も, 真面目で, 実直であったが不遇であった学者の業績を知ることができる。角田文衞「小牧實繁先生」(付小牧氏略年譜) は新稿で, 小牧氏の人柄・業績だけでなく, 日本における地政学に関する部分も重要。角田文衞「末永雅雄博士」(既発表のものの合筆)。末永雅雄, 梅原末治両氏について, 濱田教授在世中に「梅原・末永の教授争い」などはなかったと, 当時教室にあった角田氏は述べている。樋口隆康「水野清一博士」は新稿であり, 末永雅雄「水野君の思い出」(付水野氏略年譜, 既) とともに読むことができる。樋口氏は, 水野氏が『内蒙古・長城地帯』,『雲岡石窟』などをはじめ, イラン・アフガニスタン・パキスタンの調査活動など多くの業績を残したことを記している。秋山進午「長廣敏雄先生の歩まれた道」(付編者記) も新稿である。美術様式について, われわれも学ぶことが多いと感じた。いつも若い情熱をもやしていた人柄が描き出されている。角田文衞「三宅宗悦博士」(既) は, 軍医として若くして戦死した, 得難い人類学者の記録である。角田文衞「三森定男教授の生涯」(付三森氏略年譜, 既) からは三森氏が原始文化の体系化を目指したことがわかるが, 残念ながら時代が早すぎた。関連する諸科学の態勢がまだ学際研究に対応するだけ十分成熟していなかったからである。穴沢咊光「小林行雄博士の軌跡—感性の考古学者の評伝—」(付編者記) は新稿である。小林氏が資料を正確に記録する方法と姿勢を後学に教え, 多くの弟子を育て, 弥生式土器の集成, 同范鏡理論, 慶陵の研究など数々の業績を残したことを記している。足利健亮「藤岡謙二郎博士—人と業績—」も新稿である。藤岡氏の, 多兎を追ってきた, これからも命のある限り多兎を追い求める, という姿勢は印象に残る。

　第三部「明暗」は穴沢咊光「梅原末治論—モノを究めようとした考古学者の偉大と悲惨—」(付梅原氏略年譜, 追記：編者) のみよりなり, 新稿である。梅原氏は超人的な努力で, モノについての学を究めた。しかし穴沢氏は「梅原には優秀な個別研究はあっても, これにもとずいた考古思想というべきものに見るべきものが少ない」と批判している。個別研究に没頭すれば, 不可避的に総合的研究からは遠くなる。しかし穴沢氏も言うように, 学生に外国の考古学関係のテーマで卒業論文を書くよう強くすすめたことは高く評価できる。

　最後に, この書は既発表のものも新稿のものも併せ読むことにとくに意義がある。その過程でまず学問の微視的視点と巨視的視点の関係分析と総合の関係などの問題を考えさせてくれる。これに不遇に終わった有能な研究者の心情に思いをいたす必要がある。ただ興味深く読むだけのものではなく, 考古学のこれからのあり方, 考古学を学ぶ者の心構えについても教えられる書である。

（上野佳也）

論文展望

選定委員（敬称略・五十音順）
石野博信
岩崎卓也
坂詰秀一
永峯光一

松本一男
竪穴式住居跡の分析について
—縄文時代中期における住居跡の
特性と地域について—

地域と考古学
p. 97〜p. 114

考古学では，古代の人々の行動を捉える方法として，遺跡から出土した遺物を媒介とすることが多い。とくに土器を観察することにより，人の動きを復元しようとする試みが数多く見られる。その例として，土器の形，文様，製作工具の具合いなどを一つひとつの属性として置き換え，それらを地域ごとに比較，検討して，その土器を使った人々の活動圏を捉えようとする試みなどである。

一方，遺跡で発見される遺構から，古代の人々の動きを捉えようとする試みも，土器での試みよりもずっと少ないが，幾つか発表されている。例えば，住居跡を媒介として「住居型」を明示し，その系譜を概観した論稿などはその一つである。

本稿での取り組みは後者の手法によったもので，静岡県内で発見された縄文時代中期の住居跡を集成し，当時の人々の動きを考察する第一段として，住居平面構造において時間的な変遷過程が追えるのかどうか，地域的な共通性があるのかどうかを探ったものである。

具体的な作業は，まず県内に所在する縄文時代の主要遺跡の分布状況から，遺跡の集中する箇所に着目して静岡県を八つの地域に分けた。そして，その地域内で発掘調査され報告のあった縄文時代中期の住居跡を集成した。この集成作業では，住居跡の平面図から読み取れる部位，つまり①平面形，②炉の形態，③炉の住居跡内における位置，④柱の配置，⑤入口施設の有無，⑥壁溝の有無，⑦その他の付随する施設，⑧特徴ある出土遺物，⑨住居構築の時期，を一つひとつの住居属性として分けて整理した。そして各々の地域において，住居平面形態に時間的な流れがあるのかどうかを考察し，地域間を比較することによって先の八地域がどの位の範囲で共通圏としてまとまるのかを確認した。今回を機に今後同様な手法で，もう少し時間幅を広げ論を深めていきたいと考えている。（松本一男）

村上恭通
弥生時代中期以前の鋳造鉄斧

先史学・考古学論究
p. 71〜p. 85

弥生時代中期以前の舶載鋳造鉄斧は九州・山口県地方を中心に40例以上検出されている。そのほとんどは破片であるが，詳細な属性の観察可能な資料によれば，破損後に研ぎ直しを受けた痕跡の認められるものが存在する。後期に属する鋳造鉄斧としては完形品あるいはそれに準ずる例が卓越する現象と比較するとこの中期以前の場合は特異である。これらは国内における鉄器供給量の増加を反映していると思われるが，とくに中期以前については，本来実用品として受容された鋳造鉄斧は破損後も可能な限り再利用され，実用品としての性格を失うことはなかったのである。

さて，弥生時代を通じて見られる鋳造品はその形態上の研究に基づくと朝鮮半島製と断定できるものはほとんどなく，中国製が卓越している。朝鮮半島では紀元前にすでに独自の鋳造品が創出されていたとはいうものの，その初期段階には戦国時代の中国東北地方における形制を色濃く残していた。ただし在来の青銅器群とともに鋳造鉄斧（梯形斧）が副葬される現象が紀元前2世紀には存在している。またその後も慶尚南道茶戸里遺跡出土例のように表面に漆を塗布されるなど梯形斧が特別な扱いを受けていることがわかる。朝鮮半島における鋳造鉄斧片再利用の存否は今後の検討課題であるが，少なくとも半島での鋳造鉄斧（梯形斧）に対する特別な扱いは弥生文化の範疇には存在しない。この相異なる現象の背景には朝鮮半島と日本それぞれが中国より受容した鉄器の量の差に起因することも考えられるが，それ以上に機能・価値などの質に関する受容のあり方に起因することをより考慮すべきであろう。

本稿では以上のように弥生時代における舶載鋳造鉄斧の検討を起点とし，中国・朝鮮半島におけるあり方とを比較して，鉄器そのもののみでなく，その受容背景についても考察した。（村上恭通）

菅原康夫
吉備型祭式の波及と変容

真朱　2号
p. 49〜p. 72

弥生時代終末期，阿波では規格性に富む薄形土器群が成立する。讃岐・B類土器群と親縁関係をもち東部瀬戸内から大阪湾岸に搬出される。私のいう東阿波型土器である。類同の土器製作技法は吉備中枢地域にも認められ，庄内式甕に対峙する南北軸を形成する。薄形土器が分布する範囲には弥生墳丘墓に共通性がある。

吉備の弥生墳丘墓を表徴する遺物は特殊壺・特殊器台であるが，墳頂部に供献される脚台付土器群にはまた，強い個性と一貫したスタイルが認められ，（俎）豆というべき礼器による，秩序化された祭

式の成立したことが指摘できる。

阿波や讃岐の墳丘墓には特殊器台に類するものはないが，吉備産精製土器を含む脚台付土器を伴う点で祭式を共有する。

　（祖）豆による祭式を実修する社会には，いち早く弧帯文が波及する。弧帯文関連文様については，纒向石塚出土の弧文円板から特殊器台各種文様への影響が指摘されてきた。本稿では吉備・阿波・讃岐の弧帯文の分析から，入り組み系構図とループ系構図と呼ぶ，元来独立した文様の発展延長において，弧文円板に単位図形として組み込まれたものであり，吉備・阿波・讃岐の弧帯文に先行性と単位図形にいたる諸要素が具備されていることを論じ，透孔形成の必然性をみいだしえない弧文円板文様への流れを提示した。

　直弧文の起源については諸説あるが，祖系である弧帯文の構図にも反転連接法則は貫かれている。入り組み系・ループ系構図の二者一対の観念，上下表裏反転による文様の無限性に加えて，吉備の秩序化された礼器と特殊器台の合一した祭式には礼教的色彩が濃く，特殊器台のない阿讃地域の弧帯文祭祀には宗教的社会の形成を想定し，土器製作技法の類同社会における思想的共通性と異同を検討する。
　　　　　　　　　　　　（菅原康夫）

菅谷文則
法隆寺若草伽藍について
橿原考古学研究所論集　第十二
p. 145～p. 166

　法隆寺研究はその歴史も長く，論点は多岐にわたっていて，いわゆる法隆寺論争も明治20年代から現在に及んでいる。この論争は極めて前進的なものであって，多くの学問分野で，その発展に寄与してきた。

　昭和14年の若草伽藍の確認によって，現在の西院伽藍は，焼亡後の再建であることがほぼ確実になったが，両伽藍併存説がしばしば提起されているのが現状である。

そこで両伽藍の遺構の面から両寺併存説が成りたたないことを論じた。

　昭和53年から60年度にかけて実施された法隆寺総合防災工事の事前調査の現地調査を担当し，詳細に若草伽藍と西院伽藍との整地状況と土砂移動を観察すると，若草伽藍の廃毀後に西院伽藍地造成のための整地を開始していることが判明した。この論証の過程で，若草伽藍の東西の大垣外には人工の基幹排水溝があったことを示した。斑鳩の地に降った火山灰層を確認し，論拠として用いた。

　若草伽藍の瓦に火災痕跡がないことを論拠として若草伽藍の焼亡を否定する論説がある。これについては，現在確認されている若草伽藍の瓦が，後世に再用されたものが中心であって，これらの瓦は再使用にたえるものが再用あるいは三用，四用などされているのであるから，若草伽藍本来の巨量の瓦溜りが発見されていず，論拠となりえないことを論じた。

　塔心礎が地上式，または半地下式であることに関しては，従前の塔礎研究が百済のそれを規範とみてきた。新羅では古くから地上または半地下式であったことを指摘した。高麗尺についても平安時代初期まで法隆寺の建築で使用されているので，西院建築を大化前とする証拠とならないことを指摘した。人字形間斗束や卍崩しの高欄も，長安や慶州では，8世紀にも流行していたことも指摘した。こうして法隆寺再建説に新しい視点を加えた。
　　　　　　　　　　　　（菅谷文則）

山中　章
初期平安京の造営と構造
古代文化　46巻1号
p. 7～p. 25

　平安京の研究は，文献史学が先行し，造営や構造について検討する余地はあまりないと考えていた。しかし古代諸宮都における考古学の新しい成果は，平安京についても見直しを迫った。本論で

は，軒瓦と宮・京の遺構を通して，平安京造営の実態や，初期の構造を解明し，その歴史的要因を探った。

　宮城の造営状況を，旧京からの搬入瓦と初期平安宮式瓦の出土状況から検討した。搬入瓦が大半を占めるタイプは，内裏，太政官，民部省，中務省など史料にも早くみられたり，機能上中断を許されないと考えられる官司にあり，平安宮式瓦が中心となるタイプは文献でも初見の遅れる大極殿や豊楽院に限られることを示した。同様の手法で左・右両京を検討して，造宮使，近東院，南池院などの初期造営施設や神泉苑ほかの後続施設の造営状況を明らかにした。

　平安京の初期構造については，長岡京跡調査の進展によって初めて，本格的な検討が可能となった。長岡京の構造を規定した条坊制は，平城京の矛盾を解消しつつ，新たな王朝の顔としての宮城の威厳を保持する新しい設計方法によっていた。宮城の面する京域と以外の宅地を明確に区別し，宮都居住者の階層差を明示した。両京街区の宅地居住者の管理にも配慮を加え，宅地1町を400尺四方とし，戸主制成立の基礎を築いた。

　平安京は長岡京で成立した宅地制度を京内全域に拡大し，さらに宮城内の官衙配置や規模をもこれに規制させた。この結果，宮と京との形態差は消失し，緑釉瓦を用い，時間をかけて新造した豊楽院の正面が，宮城門に正対しないという象徴的配置を実現させた。

　京域の宅地利用では，長岡京で成立した宮城東・西面街区の官衙町が継承されるが，官衙町内部に次第に宿所町が進出し，「諸司厨町」を形成するにおよんで，平安京は古代宮都の性格を薄め，中世「都市」への変貌を準備することとなる。
　　　　　　　　　　　　（山中　章）

●報告書・会誌新刊一覧●

上野恵司編

◆国府関遺跡群　長生郡市文化財センター刊　1993年3月　B5判　418頁

房総半島のほぼ中央，茂原市に位置する本遺跡は，豊田川の支流に面する，標高17〜19mの微高地に立地する。遺構は弥生時代末から古墳時代初頭にかけての住居跡，方形周溝墓，古墳などが検出されているが，その主体は自然流路である。遺物は自然流路より土器とともに多数の木製品が出土している。木製品は481点を数え，農耕具や柄，杵，槌，容器，建築材，狩猟・漁撈具などが中心であるが，その他日本最大の琴板などの特殊な用途のものや，用途推定が困難な木製品も多数報告されている。まとめとして「自然流路出土の木製品についての検討」「弥生時代終末から古墳時代初頭の土器について」を掲載する。

◆多摩ニュータウン遺跡　平成3年度（第5分冊）　東京都埋蔵文化財センター刊　1993年3月　B5判　348頁

本書は，東京都の西端部，町田市に所在する多摩ニュータウン遺跡群No.342遺跡の調査報告である。本遺跡は旧石器時代から近世以降にわたる複合遺跡で，わけても注目すべきは奈良・平安時代の須恵器窯跡である。この窯跡は南多摩窯跡群の最南端の支群に該当する。窯構造は地下式窖窯で，蓋坏，高坏，長頸瓶，フラスコ形瓶，横瓶，短頸壺，甕などの多様な器種が報告されている。操業時期は，飛鳥，陶邑，湖西，猿投など他地域における編年研究を比較・検討し，7世紀後半に比定している。

◆栗東の歴史　第4巻　資料編（考古・美術工芸・民俗）　栗東町教育委員会刊（滋賀県栗太郡栗東町安養寺1—13—33）　1994年4月　A5判　532頁　3,900円

第1部考古編では縄文時代から中・近世にいたるまでの発掘成果を紹介。遺跡地図も付す。

◆松林苑跡I　奈良県立橿原考古学研究所刊　1990年3月　B5判　130頁

平城京の北，佐紀丘陵の一画に所在する庭園「松林苑」跡の発掘調査報告書である。調査は1979年の第1次調査以来1990年までに28回の調査が行なわれており，本報告書では，その10年間の調査分を収録している。本調査により，「松林苑」に関わる顕著な遺構として築地・溝・苑池・掘立柱建物が確認されている。遺物は多量の瓦が検出されているほかは，わずかに釘・土器・土馬などが出土している。また，苑以前の遺構としては，隣接する猫塚古墳に伴う埋葬施設（粘土槨）があり，車輪石・石釧・合子・勾玉・管玉が出土している。さらに苑内各地点で埴輪が出土している。まとめには「松林苑の性格」「中国の禁苑」「藤原京以前の禁苑」「松林苑と古墳」について述べられている。

◆水城跡　太宰府市教育委員会刊　1994年3月　B5判　150頁

本報告書は，福岡県の南西部，太宰府の西方に位置する水城跡の発掘調査をまとめたものである。調査は1983年から1993年まで行なわれた。土塁は現状では高さ13m，基底部幅7m，長さ1.2kmにわたり遺存しており，発掘調査はこの土塁およびその周辺部において行なわれた。従前，調査により土塁外側（北側）に幅60mの堀が存在していたことが明らかにされていたが，本調査により，堀に導水する施設と考えられる木樋が西堤において2ヵ所確認された。土塁は内側斜面が削平されていることが判明し，構築時の基底部幅は80m前後になると想定されている。なお，この他に瓦窯跡や官衙的建物跡の可能性のある柱穴などが見つかっている。遺物は，陶磁器，土師器，須恵器，瓦，木製品，石器などが出土しており，水城構築（663年）以前の縄文時代から近世までのものがみられる。

◆地域と考古学—向坂鋼二先生還暦記念論集　向坂鋼二先生還暦記念論集刊行会刊　1994年3月　B5判　562頁

愛鷹山南麓・箱根西麓の後期旧石器時代石器群編年試案
……………………高尾好之
旧石器時代後期　檜先形尖頭器とナイフ形石器の構造的関係について………………笹原芳郎
縄文人の生活域と行動範囲
……………………瀬川裕市郎
土版・岩版考……外山和夫
唐草文土器分布圏における竪穴住居址の一類型………長谷川豊
竪穴住居跡の分析について
……………………松本一男
愛鷹・箱根山麓の縄文中期集落と石器保有………池谷信之
伊豆を中心とした縄文中期後半土器の様相………金子浩之
稲刈り鎌の出現…平野吾郎
長頸壺の出現とその意義
……………………佐藤由紀男
墳丘規模からみた遠江の古墳群
……………………中嶋郁夫
「いほはらの君」………大塚淑夫
潰された飾大刀について
……………………川江秀孝
群集墳の「単位群」構成について
……………………渡辺康弘
古墳時代集落における祭祀の変遷
……………………佐藤達雄
駿河湾東部の古墳時代の土師器について………山本恵一
静岡県における埴輪生産
……………………鈴木敏則
須恵器の箆削りについて
……………………柴田稔
遠江・駿河における初期群集墳の成立と展開について…松井一明
窯式の終焉……………後藤建一
静岡県における奈良・平安時代の祭祀……………宮本達希

駿河国における官衙・集落の土器……佐野五十三

古代寺院の回廊について……大川敬夫

皿山古窯跡群の成立と終末について……塚本和弘

旗指古窯跡群と居倉遺跡の関係について……澁谷昌彦

宗教考古学の成立根拠について……磯部武男

消費地出土の初山・志戸呂焼……足立順司

沼津における近世石仏・石神覚書……石川治夫

浜松城をめぐる諸問題……加藤理文

◆橿原考古学研究所論集 第11
橿原考古学研究所刊 1994年1月 Ａ５判 522頁

漢六朝紀年鏡新集録……樋口隆康

"コメの力"考……山川均

弥生時代の北部九州における甕棺と日常土器の併行関係に関して……川上洋一

豊饒の壺……平松良雄

大形前方後円墳・墳頂平坦面の整備と変遷……今尾文昭

前方後円墳における築造企画の展開（その七）……上田宏範

埴輪出土をみた低平地遺跡の再検討……伊達宗泰

大和東南部の大型横穴式石室について……関川尚功

横穴式石室小考Ｉ……服部伊久男

鉄製農工具類副葬からみた古墳の画期……柳澤一宏

装飾古墳の壁画についての二，三の考察……泉森皎

家形の埴輪の壁……石野博信

奈良県の円筒埴輪……坂靖

鶏形埴輪についての一考察……清水眞一

木棺系統論……岡林孝作

倣製内行花文鏡類の編年……清水康二

大和天神山古墳出土鏡群の再検討……楠元哲夫

◆橿原考古学研究所論集 第12
1994年1月 Ａ５判 514頁

日本出土初期馬具の系譜2……千賀久

古代の木製馬鞍……山田良三

金銅製飾履の系譜と展開……松田真一

手玉考……玉城一枝

同笵海獣葡萄鏡について……勝部明生

法隆寺若草伽藍について……菅谷文則

両槻宮と酒船石北西の石垣について……河上邦彦

山田寺竣成の経緯について……網干善教

古代末期における粗成坏の展開……近江俊秀

導仏製作の一様相……清水昭博

大神寺と大直禰子神社……前園實知雄

平壌城外城内の区画……亀田博

官家と屯倉……直木孝次郎

富也（保夜）・石花と牡蠣……永島福太郎

平安前期の荷前使の持つ意味……田中久夫

五百八十という数……平山敏治郎

曹魏とその後の鄴……上田早苗

亜鉛を含む古代の銅合金の調査例……久野雄一郎

遺跡から出土する植物性炭化物続報……嶋倉巳三郎

法貴Ｂ１号墳および堀切６号横穴の改葬人骨と近畿におけるその類例……池田次郎

星塚１・２号墳および小路遺跡出土須恵器と陶質土器の産地推定についての再検討……三辻利一・泉武

畿内を中心とした家形石棺の石材……奥田尚

◆先史学・考古学論究―熊本大学文学部考古学研究室創設20周年記念論文集 熊本考古会刊 1994年3月 Ｂ５判 469頁

九州の陥し穴の変遷……高橋信武

鳥装のシャーマン……甲元眞之

松江市周辺出土の石器と石材……平野芳英

弥生時代中期以前の鋳造鉄斧……村上恭通

福岡県飯塚市の五連甕棺をめぐって……嶋田光一

弥生時代の石製剣把頭飾……徳永貞紹

北九州市・高津尾遺跡の土坑墓群……柴尾俊介

弥生時代の後期竪穴について……辻満久

紐孔製作技法から見た三角縁神獣鏡……秦憲二

北部九州における越州窯系青磁粗製品について……田中克子

奈良時代 肥後の土器……網田龍生

早良郡衙？……米倉秀紀

九州における近世城郭の石垣について（その１）……高瀬哲郎

北部九州の近世墓に使用される棺甕について……下村智

伽耶の竪穴式石槨墓の源流について……朴廣春

中国考古学研究の歩みをめぐって……劉茂源

漢代壁画墓の構造と変遷……山下志保

鹿野忠雄博士における台湾と東南アジア……國分直一

「マウンド建設者論争」と「コロボックル論争」と……小谷凱宣

東シベリア新石器時代埋葬習俗に関する基礎研究……小畑弘己

学校のなかの考古学……馬源和広

◆筑波大学先史学・考古学研究
第5号 筑波大学歴史・人類学系 1994年3月 Ｂ５判 112頁

縄文時代中期後半の遺跡分布と集落変遷……小宮山隆

東北地方北部における続縄文土器の編年的考察……石井淳

◆考古学論究 第3号 立正大学考古学会 1994年3月 Ｂ５判 165頁

礫石経の課題……坂詰秀一

礫石経研究序説……松原典明

礫石経の地域相

1 北海道……長谷山隆博
2 東北……白岩賢一郎
3 関東・甲信越……松原典明
4 北陸……垣内光次郎
5 東海……駒田利治
6 近畿……三好義三
7 中国……是光吉基
8 四国……岡本桂典
9 九州・沖縄……渋谷忠章

◆立正大学人文科学研究所年報
第31号 立正大学人文科学研究所

1994年3月　Ｂ５判　83頁
下総型宝篋印塔について
　　……………………池上　悟
◆古代　第97号　早稲田大学考古学会　1994年3月　Ａ５判　374頁
古代における同笵・同系軒瓦
　　………………………森　郁夫
陸奥国における雷文縁複弁四弁，単弁八弁蓮華文軒丸瓦の展開について……………………辻　秀人
陸奥国南部に分布する二種の複弁系鐙瓦の歴史的意義について……………………真保昌弘
下野薬師寺の軒先瓦とその同系瓦……………………大橋泰夫
国分寺造営期にみる中央と在地……………………須田　勉
遠江国分寺の造営と地方豪族の動向……………………平野吾郎
尾張・三河の同笵・同系軒瓦……………………梶山　勝
美濃地方の同笵瓦と複弁蓮華文軒丸瓦……………………土山公仁
北陸南西部における軒瓦の受容と伝播……………………久保智康
北白川廃寺の造営過程…網　伸也
飛鳥時代初期の同笵軒丸瓦……………………大脇　潔
紀伊の白鳳寺院における川原寺式・巨勢寺式軒丸瓦の採用について……………………藤井保夫
備中式瓦について………伊藤　晃
横見廃寺式軒丸瓦の検討……………………妹尾周三
西山陰の同紋様系古瓦…内田律雄
地方への瓦の伝播……亀田修一
豊前の同系瓦考………高橋　章
◆書陵部紀要　第45号　宮内庁書陵部　1994年3月　Ｂ５判　186頁
畝傍陵墓参考地石室内現況調査報告……………………陵墓調査室
平成四年度　陵墓関係調査概要……………………陵墓調査室
◆三河考古　第6号　東三河の横穴式石室　資料編　三河考古刊行会　1994年2月　Ｂ５判　216頁
東三河地域における古墳出土須恵器の編年……………………小林久彦
東三河地域の後期古墳出土鉄鏃……………………赤木　剛
石室の形式……………加納俊介

石室の規模……………鈴木隆司
石室の系統と変遷………須川勝以
◆京都府埋蔵文化財情報　第51号　京都府埋蔵文化財調査研究センター　1994年3月　Ｂ５判　72頁
瓦谷遺跡の埴輪棺
　　……………石井清司・有井広幸
古墳出土前後の注口土器について
　　……………………藤原敏晃
由良川中・下流域の第Ⅲ様式土器について・前編……田代　弘
◆古代文化　第46巻第1号　古代学協会　1994年1月　Ｂ５判　70頁
古代都市としての平安京研究
　　……………………村井康彦
初期平安京の造営と構造
　　……………………山中　章
◆古代文化　第46巻第2号　1994年2月　Ｂ５判　62頁
同笵銅鐸の鋳造欠陥……森田　稔
淡輪系円筒埴輪………鈴木敏則
◆OPUSCULA POMPEIANA III　古代学協会　1994年3月　Ｂ５判　119頁
The Upper Floors in Regio Ⅶ Insula 12………Hori, Yoshiki
Note on the Plan of the Villae Rusticae in the Vicinity of Pompeii………Asaka, Tadashi
Divisione Fiorelliana e Plano Regolatore di Pompei
　　……Garcia Y Garcia, Laurentino
The Investigation of Regio Ⅶ Insula 12…Nishida, Yastami
Analysis of the Pattern of Stone Paving Arrangement in Pompeii…Rikimaru, Atsushi Yamauchi, Takahisa
Topographical Distribution of the So-Called Programmata Antiquissima…Sakai, Satoshi
The 'Doric' Temple on the Forum Triangulare in Pompeii……De Waele, J.A.K.E
◆天理参考館報　第6号　天理大学出版部　1993年10月　Ｂ５判　176頁
天理参考館所蔵の唐古・鍵遺跡出土絵画土器について…藤原郁代

石上神宮出土の遺物……竹谷俊夫
狐塚古墳と鑷頭把頭……山内紀嗣
天理参考館所蔵の棘付花弁形杏葉について……………………高野政昭
鍛冶集団の埋葬儀礼にあらわれた土師器甕について……日野　宏
豊浦寺の瓦……………太田三喜
遺跡におけるソバ属花粉と事例……………………金原正明
オルドス青銅器飾金具に関する一考察……………………小田木治太郎
三彩に関する一考察……巽　善信
◆朝鮮学報　第149輯　朝鮮学会　1993年10月　Ｂ５判　272頁
遼東と高句麗壁画………東　潮
◆朝鮮学報　第150輯　1993年1月　Ｂ５判　231頁
陜川玉田古墳群の墓制について……………………趙榮濟・竹谷俊夫訳
◆島根県考古学会誌　第11集　島根県考古学会　1994年3月　Ｂ５判　125頁
島根県の縄文時代後期中葉〜晩期土器の概要………柳浦俊一
出雲地域の須恵器の編年と地域色……………………大谷晃二
山陰の石人・石馬……………………中原　斉・角田徳幸
山陰の石塔二三について　3……………………今岡　稔
◆高知県立歴史民俗資料館研究紀要　第3号　高知県立歴史民俗資料館　1993年3月　Ｂ５判　52頁
高知県香美郡野市町免田八幡宮と絵画をもつ銅剣……………………岡田健児・岡本桂典
高知県香美郡野市町免田八幡宮所蔵細形銅剣のＸ線透過撮影および蛍光Ｘ線分析について……………………魚島純一
◆地域相研究　第21号　地域相研究会　1994年2月　Ｂ５判　126頁
南海島嶼地方と先史文化資料……………………李東注・田中聡一訳
縄文時代扁平打製石器について……………………船津常人
貝輪着装に表れた男女間格差および階層差について…松永さよ子
小型仿製鏡の基礎的集成（1）……………中山清隆・林原利明

■考古学界ニュース■

編集部編

――――――九州地方

3万8千～7万年前の石器 宮崎県児湯郡川南町教育委員会が発掘調査を行なった同町平田の後牟田遺跡で，3万8千～7万年前と推定される火山灰層の下から，加工された石器が見つかった。地表下約2.5mのところに5～10cmの厚さで堆積していた霧島イワオコシ（霧島連山が活発な活動をしていた時期の噴出物層）の直下からみつかったもので，11.5cm×4.5cmの棒状。石器に加工する途中の剝片とみられる。さらにその下の褐色軽石混じりローム層からは人為的に持ち運ばれたとみられる礫や表面が赤みを帯びた焼石とみられるものもみつかった。西日本では年代測定や層準から明らかに3万年をさかのぼる石器は長崎県福井洞穴などでしかみつかっておらず，今回の発見は注目される。

大型の箱式石棺 大分市教育委員会が史跡公園化に伴って調査を行なっている同市里の亀塚古墳（県史跡）の後円部頂部から大型の箱式石棺がみつかった。緑泥片岩を厚さ10cmに加工して組み合わせたもので，長さ3.2m，高さ1.1m，幅90cm。板石の内側には仕切り板を差し込む幅7～4cmの溝があり，副葬品を納めるための副室とみられる。また内部全面に朱が施されていた。板石が3枚しかないなど盗掘をうけていたが，滑石製の小型勾玉約300点をはじめ碧玉製管玉，ガラス玉，鉄製鏃などが残されていた。石棺というより石室に近いほどの大きなもので，海部地方を治めていた首長の墓らしい。同古墳は5世紀初頭の全長120mの前方後円墳。

縄文晩期のリアルな土偶 佐賀県小城郡三日月町教育委員会が発掘調査を行なった同町の石木中高（いしきなかたか）遺跡で，小川跡から大量の土器片とともに縄文時代晩期後半の土偶がみつかった。高さ約10cmの下半身だけだが，太ももやふくらはぎの肉づき，足の指など非常にリアルに表現された珍しいもの。腰には腰紐状の細工があり，所々に赤色顔料を施した跡もある。土偶を立たせるため足裏を大きくして扁平に成形しており，全体の大きさは約20cmを超えるとみられる。九州では，縄文晩期になると土偶は退化するとされていたが，逆に具象的な土偶が出土した事は注目される。同遺跡は，弥生時代中期の農耕集落跡・土生（はぶ）遺跡の南500mにある。

遠賀川流域に渡来人？ 福岡県遠賀郡岡垣町糠塚の南ノ前古墳群で岡垣町教育委員会による発掘調査が行なわれ，円墳や横穴墓など50基から人骨約20体が出土した。このうち，横穴墓の1つから成人男子1体，性別不明の子供1体，成人女子3体の一家5人の人骨がみつかった。男性167cm，女性2人が153cmと3体が当時としてはかなりの高身長，面長で，弥生時代の大陸からの渡来人の平均身長より高い。他の人骨は平均的な古墳時代後期人で，男性が160cm未満，女性は150cm未満だった。この横穴墓からは鉄刀や勾玉のほか，南方系のイモ貝製貝輪やギンタカハマの装飾品など幅広い交易を示す遺物も伴出した。

弥生中期の小銅鏡 福岡市早良区小田部の有田遺跡で福岡市教育委員会による発掘調査が行なわれ弥生時代中期後半のカメ棺墓から小銅鏡1面が発見された。この鏡は直径5.1cmで，背面に特徴的な蕨手状文が描かれていることから朝鮮半島製の可能性が高い。これまで国内最古とされていた佐賀県二塚山遺跡出土鏡などよりさらに一時期近くさかのぼるもので注目される。またこのすぐ隣のカメ棺からは前漢鏡（直径7.6cm）も出土し，「内日月心忽而不泄」の銘文が読みとれた。

――――――中国地方

古墳時代の大型製鉄炉 広島県賀茂郡豊栄町安宿（あすか）の見土路遺跡で古墳時代後期の大規模な製鉄遺構が発見された。製鉄炉本体は現存しないが，炉の下の炉床は山の斜面を切り開いた平坦地に築かれており，長さ4m，幅1.5m，高さ1mの台状の盛土となっている。中央部の本床は焼土，粘土，木炭を70cmにわたって交互に積みあげている。炉の両側には鉄滓を流す幅70cmの排滓溝や材料置き場，吹子を支えた柱穴などがあり，付近から古墳時代後期の須恵器が出土した。構造は熱効率を十分に考えた中近世の製鉄遺構に酷似しており，製鉄に必要な1,300℃の高温を維持できることから，中国山地の純度の高い砂鉄を使えば最大1トン近くの鉄生産も可能という。このような製鉄法はこれまで平安時代末期ごろになって初めて出現したと考えられていたが，今回の発見はそれを一層遡らせる例となった。

鴟尾を伴う陶棺 鳥取県岩美郡福部村南田の蔵見3号墳で平成3年に陶棺片が多数みつかったことから福部村教育委員会が復元作業を進めていたが，近ごろ復元された陶棺が公開された。須恵質で四注家形とよばれる寄せ棟作りの陶棺は，屋根の両側に寺院などの大棟に付けられる鴟尾（高さ18cm。連続綾杉文様状の線刻入り）があるのが特徴。陶棺は全長185cm，幅56cmで，中央で屋根も胴部も2つに分かれ，16本の脚がある。いわゆる吉備型とよばれるものに分類されるが，畿内型の特徴も持ち合わせている。この陶棺が作られたとみられる飛鳥時代はすでに因幡にも仏教寺院が建てら

■考古学界ニュース■

れていることからその影響があったとみられる。また同古墳から一緒に出土した羽根を広げた形の鳥形瓶も同時に公開された。

――――――近畿地方

朱を塗った女性人骨　兵庫県佐用郡佐用町の横坂丘陵遺跡で佐用郡教育委員会による発掘調査が行なわれ，弥生時代後期と推測される墳丘墓から水銀朱を顔面に塗った人骨がほぼ完形のまま出土した。墳丘墓は東西18m，南北10mの長円形で，墳頂部直下に8枚の凝灰岩を組み合わせた箱式石棺（長さ1.6m，幅38cm）があり，内部一面には小石が敷き詰められていた。京都大学人類学教室の鑑定によると人骨は身長約145cm，面長で鼻筋の通った20歳代の女性で，顔面にまんべんなく塗られた朱が頭蓋骨に付着していた。副葬品が全く見当たらないため時代は不明だが，ムラのシャーマンだったのではないかとみられている。なお，同遺跡は標高170mの丘陵上にある弥生集落で，墳丘墓下の斜面には22棟の竪穴住居址があり，大量の弥生土器が出土した。

方形周溝墓に墓標石　大阪文化財センターが発掘を進めている東大阪市若江西新町の巨摩（こま）遺跡で弥生時代中期後半から後期にかけての方形周溝墓4基がみつかったが，このうち後期の1基に埋葬位置を示す墓標とみられる石が置かれていた。この墓は一辺15mの正方形に近いもので，高さ1.5mの盛土の中に木棺6基が東西方向に4基，それらをはさむように南北方向に2基あり，うち3基の上に人頭大の自然石が計4個置かれていた。木棺は2基1対で，家族数世代の墓として計画的に埋葬され，石は墓の存在を示す墓標だったとみられる。木棺の近くには子供を入れたと推定される土器棺2個もあった。さらに弥生時代中期の墓3基のうち1基から長さ70cmほどの木棺4基がみつかった。大きさからみて子供を安置したとみられる。ほかに大人用木棺も1基みつかっている。

奈良時代の長六角堂　奈良県立橿原考古学研究所と当麻町教育委員会が発掘調査を行なっていた二上山麓の加守寺跡（北葛城郡当麻町加守）から奈良時代初期の細長い形をした六角堂がみつかった。規模は南北15.4m，東西8.3mで，もともと六角堂は数少ないが，これまでのものはいずれも正六角形で，細長い六角堂は例がない。堂の東側と西側には階段がついており，幅1.12mの犬走りもみつかった。また出土した瓦からみて奈良時代初期に建立され，平安時代まで続いたことがわかった。さらに幅につけられたとみられる金メッキ金具も出土した。加守寺は掃守（かにもり）氏の氏寺との見方が強いが，『薬師寺縁起』には大津皇子の供養のために寺が建てられたという記述があり，これをもとに六角堂は謀反の疑いで朱鳥元年（686）に刑死した大津皇子の供養堂ではないかとの説もある。昭和20年には六角堂の裏から奈良時代の骨蔵器がみつかっている。

特大の勾玉と管玉　奈良県磯城郡田原本町鍵の唐古・鍵遺跡で田原本町教育委員会による発掘調査が行なわれ，全国でも最大級のヒスイ製勾玉と碧玉製管玉がみつかった。勾玉は弥生時代後期初頭の溝の中からみつかったもので，長さ5.3cm，重さは60gある。新潟県の糸魚川産とみられる。管玉は弥生時代中期後半の地層から出土した。濃緑色で直径2.24cm，長さ3.4cm。中央部分で意識的に割られている。勾玉と管玉は時期や出土場所が近いことから当時セットとして用いられた可能性もある。

紫香楽宮の建物跡？　滋賀県甲賀郡信楽町教育委員会が発掘調査を行なった同町大字宮町の宮町遺跡で，東西5間以上，南北4間の規模で少なくとも三面に庇をもつ掘立柱式建物跡が発見された。奈良時代中頃のもので，同時期の遺構としては他に溝，掘立柱塀などがあるが，それ以外にも紫香楽宮造営と一致する時期に谷を埋めたと考えられる整地層や宮に関連する木簡，さらに植物種子が大量に出土した。木簡や墨書土器には，「皇后宮職」「御炊殿」「御厨」などの文字がみえ，また木簡の削屑が大量に出土したことから事務官庁の存在が知られる。また溝からは30種類ほどの植物種子が出土しているが，この中にはヤマモモやナツメのように他地域からの搬入と考えられるものも含まれている。今回の調査によって，宮町遺跡が紫香楽宮の一角である可能性はさらに強まったといえる。

衣笠の立ち飾り　守山市播磨田町の八ノ坪遺跡で守山市教育委員会による発掘調査が行なわれ，古墳時代前期末の衣笠の立ち飾りが出土した。現存長29.4cm，現存幅13.1cmの木製で黒漆塗り。円弧をあしらった組帯紋で飾られ，衣笠の先端に取り付けた4枚1組のうちの1枚。奈良市日葉酢媛陵古墳から出土した埴輪の立ち飾りに酷似しており，実物がみつかったのは初めての例。

――――――中部地方

縄文晩期の住居と祭祀跡　岐阜県吉城郡国府町漆垣内立石の立石遺跡で国府町教育委員会による発掘調査が行なわれ，縄文時代晩期の住居跡と祭祀場跡が発見された。祭祀場跡は火をたいて豊穣の祈りなどをささげたと思われる赤い焼土を10m～20mの石で囲った空間と，隣接する三日月形の配石広場を確認した。全体がひとつの信仰空間と考えられ，独鈷石も

発掘調査・その他

伴出した。この西約 10 m にある立石２個は昭和30年代に祭祀場跡付近から現在の地に移されたもので，巨石信仰の形態を示しているとみられる。この祭祀場跡から約20 m 西では直径 4 m ほどの円形をなす住居跡もみつかった。周囲を大小の石で囲み，中央に正方形の炉を作るもので，土器や磨製石斧，勾玉なども出土した。

戦国期の武士居館跡　富山市教育委員会が発掘調査を行なった市内小西の小西北遺跡で，戦国時代から安土桃山時代にかけての有力な武士の居館跡とみられる遺構が発見された。遺構は漆塗りの櫛，200本以上の白木の箸と小皿が出土したゴミ捨て穴。とくに小皿は直径 9.3 cm で，中央にベンガラで描いたとみられる朱色の「三つ盛り丸に三頭右巴」紋が入っている。また堀の跡からは青磁や陶器片，焦げた木製品，焼けた石などが多く出土した。戦国時代に射水と婦負を中心に支配した神保氏か同氏につながりのある武士の居館跡と推定される。

最大級の玦状耳飾り　大町市教育委員会が国道 148 号青木湖バイパス建設に伴って発掘調査を行なっている市内加蔵の藪沢Ｉ遺跡で縄文時代前期の耳飾り１対が発見された。最大径はともに約 7 cm あり，玦状耳飾りとしては国内でも最大級の大きさ。厚さは最大約 0.5 cm で，滑らかに磨かれた表面に雲母状の斑点がついており，蛇紋岩製とみられる。大きさとともに対でみつかったことが注目される。１点は２つに割れているがほぼ完形で，もう１点は一部欠けている。今後工房跡の発見も注目される。

奈良時代の郡符木簡　長野県埋蔵文化財センターが発掘調査を行なった更埴市屋代の屋代遺跡群で奈良時代の木簡が発見され，埴科郡の郡司から屋代郷長にあてた命令を書いた郡符木簡であることがわかった。木簡は最長部39.2cm，幅 5.3〜5.5 cm で，奈良時代（時期未確定）の溝跡から出土した。文字は「符屋代郷長里正等」「敷席二枚　鮒（？）□二升　芹（以下欠）」「□丁粮代布五段□夫一人□□□（以下欠）」「□宮□造人夫又殿造人十人（以下欠）」と判読された。内容は国か郡での行事を行なうための席や鮒（？）などの物や建物造営のための丁の粮代と造営の人夫10人を出すよう命じたもの。郡の支配下に郷と里が置かれたのは霊亀元年（715）から天平12年（740）までの25年間に限られるため，年代がおさえられた。同遺跡群ではこれまでに斎串や人形，馬形などの木製品百数十点と櫛・盤など大量の木器が出土した。

甲冑と盾を発見　静岡県磐田郡浅羽町浅名の五ヶ山Ｂ２号墳で浅羽町教育委員会による発掘調査が行なわれ，古墳時代中期の短甲と冑の鉄製防具一式と革製の盾が発見された。同古墳は小笠山西部の高さ 75 m の尾根上にある一辺30 m の方墳で，葺石と埴輪を伴っている。木棺直葬式の棺内からは三角板革綴短甲と頸甲，肩甲，冑がセットでみつかった。また鉄剣５本と直刀，ミニ農工具や鉾５本が出土した。盾は長さ 160 cm，幅50 cmほどの２枚とその半分ほどが残った１枚で，漆塗りの部分が残り，辺部に三角鋸歯文と中央に菱形文が認められた。盾は棺の上を覆うようにして副葬されたらしい。こうした副葬品の組合せは畿内色の強いことを示している。

関東地方

金メッキされた水煙　海老名市教育委員会が発掘調査を続けている同市国分南の国指定史跡・相模国分寺跡から塔跡から金銅製水煙片が発見された。塔の最上部に取り付けられた相輪の一部をなす水煙の外縁部分と推定され，現存部は長さ 50.3 cm，幅 5〜6 cm。保存処理の途中で表裏全体に金メッキが施されていることがわかったもので，奈良時代中期から平安時代中期に造られたらしい。金の成分は国立歴史民俗博物館の分析で金が98％強，残りわずかが銀という純度の高いものであることがわかった。この発見で約 10 m と推定される相輪全体も金に覆われていたことが推定された。

東北地方

奈良時代の耐寒住宅　岩手県埋蔵文化財センターが調査を進めている二戸市下斗米の寺久保遺跡で縄文時代後期初頭の住居跡13棟と奈良時代の竪穴住居跡４棟が発見された。このうち奈良時代の竪穴住居跡の１つは隅丸方形プランで，床面を深さ約１mにまで掘り下げていた。住居の出入口には床と地表面を結ぶ渡し板のようなものが取り付けられていたらしく，板を支える脚柱穴の跡が残っていた。県北地方でみられる保温効果をねらった耐寒用の住居構造とみられる。また火災にあった別の住居跡からは20個体分の土師器片が復元可能な状態でみつかった。甕や坏，鉢，皿などがあり，１軒の家が備えた器の種類がわかる貴重なものとなった。アスファルトで補修した土偶も出土している。

その他

「東国の古代仏教」展　10月22日（土）から11月27日（日）まで茨城県立歴史館。下野薬師寺跡など東国の古代寺院からの出土品や仏像に焦点をあてて当時の人々の精神文化に触れようというもの。

「会津大塚山古墳の時代」展　10月８日（土）から12月４日（日）まで福島県立博物館。3・4世紀の東北南部と周辺の古墳出土資料を展示。

■第50号予告■

特集　縄文時代研究の新展開

1995年1月25日発売
増大号

総論……………………………渡辺　誠

縄文農耕の問題
　北方の縄文農耕………………吉崎昌一
縄文集落の再検討
　円筒土器文化の村―青森県三内丸山遺跡
　………………………………岡田康博
　縄文の漆………………………小林克彦
　低地の縄文遺跡………………植田文雄
　水さらし場と貯蔵穴…………岡村秀雄
地域文化の再検討
　縄文土器の起源………………岡本東三
　南九州の初期縄文文化………新東晃一

北限の縄文文化………野村　崇・杉浦重信
西九州の骨角器文化…島津義昭・山下義満
宗教の問題
　海辺の配石遺構………………佐藤正彦
　柄鏡形住居址考………………村田文夫
　人面装飾付土器………………吉本洋子
　縄文の宗教……………………吉田敦彦

〈連載講座〉縄紋時代史　24……林　謙作
〈最近の発掘から〉〈書評〉〈論文展望〉
〈報告書・会誌新刊一覧〉〈学界ニュース〉
第1号～第50号総目次

編集室より

◆「万代（よろずよ）の宮」と桓武天皇が呼んだ平安京は，文字通り，794年から1869年まで，およそ1075年の間，日本の都として地位を保った。しかし，今日のNHK大河ドラマのように応仁の乱は京都を一変させる。京都はその後，町衆の手によって再興されたとはいえ，それ以前の様態は地中からの声を聞かなければならなくなった。つまり，発掘成果の積み上げこそ，まさしく「万代の宮」の実相に迫る第一の方法なのである。

建都1200年に因み，本特集を組んだ。古代学協会や京都市埋蔵文化財研究所の長年の労苦に対し心から感謝したい。　　　　（芳賀）

◆本号は平安京建都1200年の特集号としたため，通常より約半月早めの発行となった。京都は現在の市街と平安京がほぼ一致しているため，他の都のようにまとまった調査がかなわず，常に合い間を縫った発掘を強いられてきた。関係者の苦労は大変なものであったと思われる。こうした発掘成果が一書にまとめられたわけで，手頃な平安京入門となっている。なお平安京をさらにさかのぼる平城京，藤原京（明年建都1300年）そして難波宮を中心とした講演会の記録が本誌別冊5として近く出版される。併読されたい。　　　（宮島）

本号の編集協力者――江谷　寛（(財)古代学協会・古代学研究所教授）

1931年兵庫県生まれ，同志社大学大学院博士課程修了。『歴史時代の知識』『法住寺殿の考古学的考察』『山城国紀伊寺』などの著書・論文がある。

坂詰秀一（立正大学教授）

1936年東京都生まれ，立正大学大学院修士課程修了。『歴史考古学の視角と実践』『図録歴史考古学入門事典』『日本考古学の潮流』『八百八町の考古学』などの著書がある。

■本号の表紙■
平安宮の復元

　山並みや川を含め，平安京の1,000分の1の模型が作られた。写真はその一部で，朝堂院や豊楽院など平安宮の中心部分が写っている。左が朝堂院，右が豊楽院で，周囲には内裏や諸官衙の殿舎が建ち並んでいる。宮の正面（南側）ではなく，北側から写したものである。なおこの模型は9月22日から京都市美術館で開催中の「甦る平安京」展に展示されている。（©京都市）

（永田信一）

＊訂正　本誌第47号のカラー口絵3頁目，堺市下田遺跡出土の「白木のままの短甲」写真は左右が逆版になっています。訂正してお詫びいたします。

▶本誌直接購読のご案内◀

『季刊考古学』第50号は増大号のため2800円前後となりますが，51号以降は定価2200円（税込）とさせていただきますのでよろしくお願いいたします。なお書店で本誌が手に入りにくいときには当社へ直接お申し込み下さい。その場合，1年分の代金（4冊，送料当社負担）を郵便振替（00130-5-1685）または現金書留にて，住所，氏名および『季刊考古学』第何号より第何号までと明記の上当社営業部まで送金下さい。

季刊 考古学　第49号
ARCHAEOLOGY QUARTERLY

1994年10月15日発行

定価 2,000円
（本体1,942円）

編集人　芳賀章内
発行人　長坂一雄
印刷所　新日本印刷株式会社
発行所　雄山閣出版株式会社
〒102　東京都千代田区富士見2-6-9
電話 03-3262-3231　振替 00130-5-1685

◆本誌記事の無断転載は固くおことわりします

ISBN4-639-01258-6　printed in Japan

季刊 考古学 オンデマンド版　第 49 号　1994 年 11 月 1 日　初版発行
ARCHAEOROGY　QUARTERLY　　　　　　　　2018 年 6 月 10 日　オンデマンド版発行

定価（本体 2,400 円 + 税）

編集人　　芳賀章内
発行人　　宮田哲男
印刷所　　石川特殊特急製本株式会社
発行所　　株式会社　雄山閣　http://www.yuzankaku.co.jp
　　　　　〒 102-0071　東京都千代田区富士見 2-6-9
　　　　　電話 03-3262-3231　FAX 03-3262-6938　振替　00130-5-1685

◆本誌記事の無断転載は固くおことわりします　ISBN 978-4-639-13049-9　Printed in Japan

初期バックナンバー、待望の復刻!!
季刊 考古学 OD　創刊号～第 50 号〈第一期〉
全 50 冊セット定価（本体 120,000 円＋税）　セット ISBN：978-4-639-10532-9
各巻分売可　各巻定価（本体 2,400 円＋税）

号　数	刊行年	特集名	編　者	ISBN（978-4-639-）
創刊号	1982 年 10 月	縄文人は何を食べたか	渡辺 誠	13001-7
第 2 号	1983 年 1 月	神々と仏を考古学する	坂詰 秀一	13002-4
第 3 号	1983 年 4 月	古墳の謎を解剖する	大塚 初重	13003-1
第 4 号	1983 年 7 月	日本旧石器人の生活と技術	加藤 晋平	13004-8
第 5 号	1983 年 10 月	装身の考古学	町田 章・春成 秀爾	13005-5
第 6 号	1984 年 1 月	邪馬台国を考古学する	西谷 正	13006-2
第 7 号	1984 年 4 月	縄文人のムラとくらし	林 謙作	13007-9
第 8 号	1984 年 7 月	古代日本の鉄を科学する	佐々木 稔	13008-6
第 9 号	1984 年 10 月	墳墓の形態とその思想	坂詰 秀一	13009-3
第 10 号	1985 年 1 月	古墳の編年を総括する	石野 博信	13010-9
第 11 号	1985 年 4 月	動物の骨が語る世界	金子 浩昌	13011-6
第 12 号	1985 年 7 月	縄文時代のものと文化の交流	戸沢 充則	13012-3
第 13 号	1985 年 10 月	江戸時代を掘る	加藤 晋平・古泉 弘	13013-0
第 14 号	1986 年 1 月	弥生人は何を食べたか	甲元 真之	13014-7
第 15 号	1986 年 4 月	日本海をめぐる環境と考古学	安田 喜憲	13015-4
第 16 号	1986 年 7 月	古墳時代の社会と変革	岩崎 卓也	13016-1
第 17 号	1986 年 10 月	縄文土器の編年	小林 達雄	13017-8
第 18 号	1987 年 1 月	考古学と出土文字	坂詰 秀一	13018-5
第 19 号	1987 年 4 月	弥生土器は語る	工楽 善通	13019-2
第 20 号	1987 年 7 月	埴輪をめぐる古墳社会	水野 正好	13020-8
第 21 号	1987 年 10 月	縄文文化の地域性	林 謙作	13021-5
第 22 号	1988 年 1 月	古代の都城―飛鳥から平安京まで	町田 章	13022-2
第 23 号	1988 年 4 月	縄文と弥生を比較する	乙益 重隆	13023-9
第 24 号	1988 年 7 月	土器からよむ古墳社会	中村 浩・望月 幹夫	13024-6
第 25 号	1988 年 10 月	縄文・弥生の漁撈文化	渡辺 誠	13025-3
第 26 号	1989 年 1 月	戦国考古学のイメージ	坂詰 秀一	13026-0
第 27 号	1989 年 4 月	青銅器と弥生社会	西谷 正	13027-7
第 28 号	1989 年 7 月	古墳には何が副葬されたか	泉森 皎	13028-4
第 29 号	1989 年 10 月	旧石器時代の東アジアと日本	加藤 晋平	13029-1
第 30 号	1990 年 1 月	縄文土偶の世界	小林 達雄	13030-7
第 31 号	1990 年 4 月	環濠集落とクニのおこり	原口 正三	13031-4
第 32 号	1990 年 7 月	古代の住居―縄文から古墳へ	宮本 長二郎・工楽 善通	13032-1
第 33 号	1990 年 10 月	古墳時代の日本と中国・朝鮮	岩崎 卓也・中山 清隆	13033-8
第 34 号	1991 年 1 月	古代仏教の考古学	坂詰 秀一・森 郁夫	13034-5
第 35 号	1991 年 4 月	石器と人類の歴史	戸沢 充則	13035-2
第 36 号	1991 年 7 月	古代の豪族居館	小笠原 好彦・阿部 義平	13036-9
第 37 号	1991 年 10 月	稲作農耕と弥生文化	工楽 善通	13037-6
第 38 号	1992 年 1 月	アジアのなかの縄文文化	西谷 正・木村 幾多郎	13038-3
第 39 号	1992 年 4 月	中世を考古学する	坂詰 秀一	13039-0
第 40 号	1992 年 7 月	古墳の形の謎を解く	石野 博信	13040-6
第 41 号	1992 年 10 月	貝塚が語る縄文文化	岡村 道雄	13041-3
第 42 号	1993 年 1 月	須恵器の編年とその時代	中村 浩	13042-0
第 43 号	1993 年 4 月	鏡の語る古代史	高倉 洋彰・車崎 正彦	13043-7
第 44 号	1993 年 7 月	縄文時代の家と集落	小林 達雄	13044-4
第 45 号	1993 年 10 月	横穴式石室の世界	河上 邦彦	13045-1
第 46 号	1994 年 1 月	古代の道と考古学	木下 良・坂詰 秀一	13046-8
第 47 号	1994 年 4 月	先史時代の木工文化	工楽 善通・黒崎 直	13047-5
第 48 号	1994 年 7 月	縄文社会と土器	小林 達雄	13048-2
第 49 号	1994 年 10 月	平安京跡発掘	江谷 寛・坂詰 秀一	13049-9
第 50 号	1995 年 1 月	縄文時代の新展開	渡辺 誠	13050-5

※「季刊 考古学 OD」は初版を底本とし、広告頁のみを除いてその他は原本そのままに復刻しております。初版との内容の差違は
　ございません。

「季刊 考古学　OD」は全国の一般書店にて販売しております。なるべくお近くの書店でご注文なさることをおすすめしますが、とくに手に入り
にくいときには当社へ直接お申込みください。